图书在版编目（CIP）数据

儿童版世界帝王简史 / 赵晔编著 ; 石子儿童书绘. -- 北京 : 电子工业出版社, 2024.6
ISBN 978-7-121-47819-2

Ⅰ. ①儿… Ⅱ. ①赵… ②石… Ⅲ. ①帝王 – 生平事迹 – 世界 – 少儿读物 Ⅳ. ①K817-49

中国国家版本馆CIP数据核字（2024）第089713号

责任编辑：季　萌
印　　刷：合肥华云印务有限责任公司
装　　订：合肥华云印务有限责任公司
出版发行：电子工业出版社
　　　　　北京市海淀区万寿路173信箱　邮编：100036
开　　本：889×1194　1/16　印张：9.25　字数：219.75千字
版　　次：2024年6月第1版
印　　次：2024年10月第1次印刷
定　　价：99.00元

　　凡所购买电子工业出版社图书有缺损问题，请向购买书店调换。若书店售缺，请与本社
发行部联系，联系及邮购电话：（010）88254888，88258888。
　　质量投诉请发邮件至zlts@phei.com.cn，盗版侵权举报请发邮件至dbqq@phei.com.cn。
　　本书咨询联系方式：（010）88254161转1860，jimeng@phei.com.cn。

王宗琦 / 主审　赵晔 / 编著

石子儿童书 / 绘

"欧洲之父"
查理大帝

WORLD EMPERORS

儿童版世界帝王简史

穿越时空，领略世界帝王的传奇人生

电子工业出版社

Publishing House of Electronics Industry

北京·BEIJING

前言

帝王这个词，通常指那些拥有领土和权力，对一定范围内的政治、经济、文化等方面产生影响的君主或国家元首。

世界范围内，在不同的历史阶段和地区，帝王的定义和影响力也有所不同。在古代，帝王一般是通过继承或征服等方式获得权力，影响范围通常限于特定国家或地区。而在近现代，随着全球化和国际合作的发展，帝王的概念逐渐淡化，各国之间的联系更加紧密，"软实力"取代单纯的武力，成为在世界舞台上发挥影响力的关键。

世界著名帝王都在一定程度上塑造了所处时代的历史进程。他们的政治智慧、战略眼光、文化修养等素质，给所统治的国家或地区留下了不可磨灭的印记。同时，他们在一定程度上影响了世界历史的走向，成为不可忽视的"路标"式人物。

需要注意的是，世界著名帝王的形象不只有光明面，他们的统治方式和行为往往存在各种问题和争议。因此在评价时，需要客观公正地看待他们的历史地位和作用，同时关注他们所面临的矛盾和挑战。

本书中只介绍其他国家的帝王。如果想了解中国帝王，可以阅读本系列的《儿童版中国皇帝简史》。

目 录

萨尔贡一世

别名：
萨尔贡大帝

出生日期：
公元前 2354 年

逝世日期：
公元前 2279 年

国籍：
阿卡德帝国

民族：
闪米特人

主要成就：
征服苏美尔，统一两河流域，建立阿卡德帝国，远征小亚细亚。

阿卡德帝国

两河指幼发拉底河和底格里斯河，它们主要流经今天的伊拉克，古时候叫美索不达米亚。在两河流域产生的美索不达米亚文明，是人类最早的文明之一。

两河流域最早的居民主要是苏美尔人，再往北也生活着一些闪米特人。苏美尔人是最早进入文明社会的民族，到公元前 24 世纪，已经形成了几十个城邦。

这时，第一位闪米特人（类似中国古代的游牧部落）英雄出现了，就是萨尔贡。他在两河流

域建立了强大而又统一的王国——阿卡德帝国，虽然只延续了100多年，却是世界上第一个拥有广泛、高效、大规模管理机构的政治实体，统辖着辽阔的土地和文化多样的人民，在西亚古代历史上地位举足轻重。

富有神话色彩的出身

根据英国军官、东方学者亨利·罗林森爵士整理的《萨尔贡传奇》，萨尔贡的出身不算高贵，可是相当离奇。母亲生下他后，就把他放在一篮子灯芯草里，用焦油封口，然后丢在河里，顺水漂走。他被河神阿齐救起并养大。后来，女神伊什塔尔帮助他成为国王。由于这段传说，萨尔贡的帝国有了"君权神授"的色彩。

建立自己的城邦

　　萨尔贡少年时随养父（可能是个汲水工）当园丁，后来到了基什城邦，在王的身边当臣仆和顾问。另一个城邦乌玛派兵入侵基什，国王乌尔·萨巴巴抵抗失误，萨尔贡乘机夺权。此后他设法把西边的一些游牧部落置于自己领导下，组成闪米特人联盟，在阿卡德建立了自己的城邦。

世界上第一支常备军

　　萨尔贡军事才能杰出，一生常胜不败。他非常懂得军队的重要性，拥有自己的城邦以后，组建了一支 5400 人的常备军。这在当时是破天荒的举措，他在日后统一两河流域，靠的也是这张"王牌"。

　　一次同 50 个苏美尔城邦的联军作战时，萨尔贡在兵力上处于劣势，然而他的军队指挥明确、装备统一、训练有素，联军却龙蛇混杂，素质参差不齐。双方展开激战，萨尔贡一举歼灭了联军，俘虏了**主帅乌玛国王**。之后，萨尔贡率领大军继续南下，深入**苏美尔腹地**连年征战，先后拿下了众多城邦，直抵波斯湾，将"一盘散沙"的两河流域捏在一块儿，建立起人类历史上第一个军事帝国。

"内外兼修"的萨尔贡

对内，他加强中央集权，统一度量衡，建立了世界上第一个邮政系统，大力发展经济、文化和农业灌溉技术，让两河流域欣欣向荣，成了当时世界上最先进的经济体。

对外，萨尔贡不断扩张，向东征服了一些**埃兰**（现在的伊朗西南部）城邦，向西一度征服了现在的**叙利亚和土耳其**东部，开通前往地中海沿岸的商路，此后，他继续西进，深入小亚细亚南部和中部，让疆域面积达到顶峰，自称"天下四方之王"。

tips

美索不达米亚文明

苏美尔文明是美索不达米亚文明的重要组成部分，苏美尔人是世界上最早用文字记录和学习的民族。他们的农业和科技发展也十分超前，发明了船、纺织、冶炼，对医学、宗教、宇宙学、法律、历法等都有十分独特的见解。

对苏美尔人的遗产——包括文字、宗教和经商热情，萨尔贡和阿卡德人几乎全盘接受下来，他本人和继承人也成了苏美尔文明的保护者和继承发扬者。

汉谟拉比

- 出生日期:
公元前 1810 年

- 逝世日期:
公元前 1750 年

- 所处时代:
古巴比伦

- 主要成就:
统一两河流域南部,开创古巴比伦帝国。

古巴比伦的来历

历史上有两个巴比伦帝国,现在说的是早期的,后世称之为古巴比伦。古巴比伦最初只是幼发拉底河边一个不知名的小城邦,公元前 24 世纪萨尔贡征服的城邦中就有它。到了公元前 2200 年左右,有一支叫阿摩利的闪族人占领了这座小城,建立了国家。随后,骁勇善战的阿摩利人以此为中心,南征北战,一代又一代,最终建立了一个强大的巴比伦帝国。

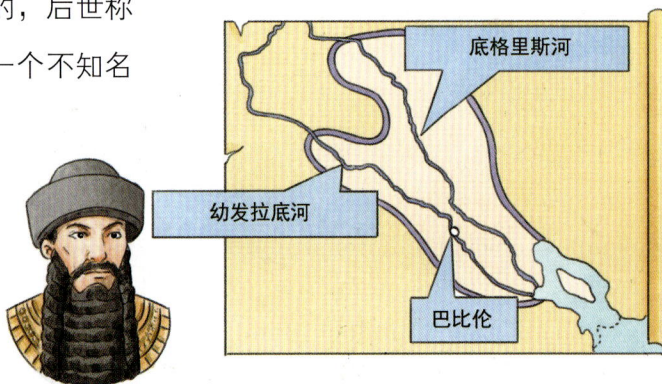

底格里斯河

幼发拉底河

巴比伦

卧薪尝胆

汉谟拉比出生在约公元前 1810 年，约公元前 1792 年继承了他父亲的王位，成为古巴比伦第一王朝的第六任国王。汉谟拉比之前的诸王已经开始着手拓展疆域，统一了两河流域中部，征服了博尔西帕、基什和西帕尔等城邦，在这里建立起霸权。但整体来说，这时的古巴比伦仍然是一个实力不算突出的王国，周围的不少强国虎视眈眈，面临的形势依然严峻。

汉谟拉比聪明绝顶、精明强干，颇具雄才大略，是古巴比伦历任国王中最出类拔萃的。他登上王位后，卧薪尝胆，巩固内政，大兴土木，扩建庙宇，修筑城墙防御外敌，通过二十多年的和平发展，壮大了自身实力。

一统两河流域

大约公元前 1766 年时，也就是在汉谟拉比当上国王的第 26 年，他开始了统一两河领域的战争。强大的埃兰王国试图离间拉尔萨王国与古巴比伦王国的关系，坐收渔翁之利。汉谟拉比识破了埃兰的诡计，采用务实的外交政策，纵横捭阖，主动与拉尔萨王国建立了同盟，共同击退了埃兰人的入侵。

汉谟拉比准确判断了形势，休养生息积攒的实力得到了充分体现。他随后以最快的速度征服了拉尔萨王国，统一了两河流域下游。

当时两河流域上游陷入动荡，汉谟拉比乘机挥师北进。经过几年的征讨，他打败了北方许多城邦，约在公元前 1758 年，统一了大半个两河流域。

专制的中央集权

汉谟拉比宣扬君权神授，建立了中央集权制度。他设立了政府机构，和服务于它的庞大、完善的管理体系，全国大小官员都由汉谟拉比亲自任命。他还建立了一支庞大的常备军，独揽了军事大权。

汉谟拉比的专制统治同样表现在对经济的控制上，国家向地方征收各种赋税，统一管理全国的水利系统，使大片荒地变成良田。在汉谟拉比治下，王国空前繁荣。

古巴比伦文明

古巴比伦人继承了苏美尔人和阿卡德人的成果，并发扬光大，天文、历法、建筑、艺术等方面都达到了上古文明难得的高度，把美索不达米亚文明发展到了顶峰。人们喜欢用"巴比伦"三个字来概括古代两河流域文明，足以表明古巴比伦文明所创造的辉煌业绩和神秘的魅力。

让汉谟拉比流芳百世的《汉谟拉比法典》

汉谟拉比最大的贡献之一是颁布了《汉谟拉比法典》。这是世界历史上第一部比较详细完备的成文法。

他即位第二年就开始制定法典，让人参照当时苏美尔、阿卡德各城邦的法律，根据本国实际，综合起来加以修补，到他晚年才完成。《汉谟拉比法典》共有 282 条，分为引言、正文、结语三部分，基本思想是"以眼还眼，以牙还牙"，所以看起来相当残忍。

tips

卢浮宫收藏的《汉谟拉比法典》

巴黎卢浮宫里珍藏着一件来自美索不达米亚的珍宝，就是古巴比伦《汉谟拉比法典》。它大概是公元前 1776 年颁布的，就像我们今天的民法加刑法。

法典被雕刻在了黑色的玄武岩柱上，高 2.25 米，上部为浮雕，表现君权神授；下部为楔形文字。

图特摩斯三世

别名：
托特神喜爱之人

出生日期：
公元前 1514 年

逝世日期：
公元前 1425 年

国籍：
埃及

主要成就：
加强集权，开疆拓土，政治改革，米吉多战役，开创埃及帝国时代。

第一位世界英雄

古埃及有 31 个王朝，其中第 18 王朝延续时间最长、版图最大、国力也最鼎盛，而图特摩斯三世是这个王朝的集大成者。他使埃及完成了从地域性王国向洲际大帝国的质变，被认为是古埃及最伟大的法老之一。历史学家说他是"第一位世界英雄"，或者"古埃及的拿破仑"。

卧薪尝胆

图特摩斯三世可能出生于公元前 1514 年，是图特摩斯二世和次妃伊西斯的儿子。公元前 1504 年，图特摩斯二世去世，年仅 10 岁的图特摩斯三世即位。太后（也是他的姑母和岳母）哈特谢普苏特趁他年幼，独揽大权。

4 年后，图特摩斯三世被迫退位，去神庙当小祭司，哈特谢普苏特戴上了王冠。图特摩斯三世忍辱负重，低调行事，一方面如饥似渴地学习，努力让自己成为一个知识渊博的人；另一方面，他刻苦训练，变得精通军事、武艺高强。他隐忍自己的抱负，从不过问政治，平时也沉默寡言。

太后想进一步考验图特摩斯三世是否臣服，让他率军远征古埃及南部的努比亚（今苏丹）。他指挥有方，大获全胜，凯旋时献上缴获的奇珍异宝，并立即交出兵权。从此，太后不再对他存有戒心。图特摩斯三世趁机训练了一支 25000 人的军队，由自己直接掌控。

公元前 1482 年，哈特谢普苏特女王离奇去世，可能同年已 32 岁的图特摩斯有关，他终于得以亲政。后来他竭力抹去这位女王的一切印迹，显示出他对太后又恨又怕。

天才军事家

图特摩斯三世亲政后，第一拨敌人是西亚以卡迭石国王为首、共 330 个王公组成的反埃及同盟。他亲率大军向卡迭石联盟发起了进攻，双方在巴勒斯坦北部重镇麦吉杜城展开决定性的战斗。

图特摩斯三世力排众议，精心策划了突袭行动，带领军队用一天时间，历经辛苦，穿过一条人迹罕至的山路，犹如天降神兵一般出现在敌军面前，取得了胜利。这为人类军事史开创了全新的奇袭战法，西亚重新臣服于埃及。

图特摩斯三世在位期间，出征十六次，都取得了伟大的胜利。后世称他为"埃及的拿破仑"。

开创埃及帝国

随着图特摩斯三世不断扩张，古埃及的版图达到了空前绝后的程度——东起西亚地区，南至努比亚境内的尼罗河第四瀑布，西至利比亚，北抵幼发拉底河上游的卡赫美士城，成为历史上第一个地跨北非和西亚的大帝国。

周边其他国家，诸如巴比伦、亚述、利比亚，也纷纷向埃及示好。而且，由于图特摩斯的帝国拥有史无前例的强大海军，地中海东部已经基本可以算作埃及的领海，爱琴海诸岛、塞浦路斯岛都成了埃及的属地。

埃及这个已有千余年历史的文明古国冲出非洲，震动了西亚与地中海，也让西亚与北非这两个当时世界上举足轻重的文明中心有了真正的交流。

利用人质，输出古埃及文化

每次作战取得胜利，为了巩固新征服地区的统治，图特摩斯三世会在那里驻扎精兵、派驻总督，同时利用当地土著王公进行统治。每击败一国，他就将王公子弟带到埃及，一方面作为人质，另一方面让他们接受埃及的教育，培养对埃及的感情。图特摩斯三世原创的这个方法，后来被世界各地的征服者学去了。

阿蒙霍特普四世

古埃及太阳之子

- 别名：
  阿肯那顿
- 出生日期：
  公元前 1379 年
- 逝世日期：
  公元前 1336 年（或公元前 1334 年）
- 国籍：
  埃及
- 主要成就：
  进行了宗教改革。

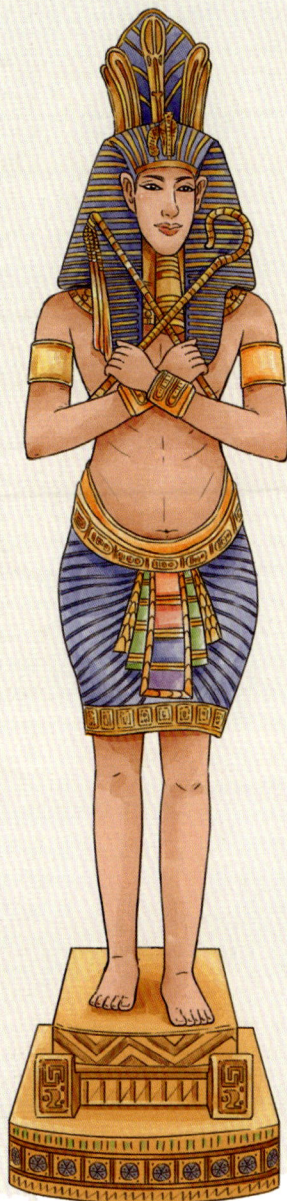

第 18 王朝是古埃及历史上的强盛时期。埃赫那吞这位法老原名阿蒙霍特普四世，是第 18 王朝如日中天时的法老阿蒙霍特普三世的小儿子。

古埃及的宗教形势

图特摩斯三世和阿蒙霍特普三世统治时期的宗教信仰是多神崇拜。其中阿蒙（太阳）神庙的僧侣集团势力逐渐增长，不仅掌握了雄厚的物质财富，而且常常左右政事，侵害了国王专制的绝对权力。阿蒙霍特普四世从小博览群书，但性格倔强。成为法老之前，他就不满阿蒙神庙僧侣的特权，暗下决心有朝一日要削减他们的势力。

宗教改革，创立一神教

阿蒙霍特普四世即位以后，为了加强中央集权统治，依靠中小奴隶主和新兴的军事贵族，进行宗教改革，全面打击僧侣集团势力和世袭权贵。这实际上也是一场政治改革。

他下令严禁埃及人民崇拜"众神之王"阿蒙以及原先的其他神明，而将阿吞（标志是太阳圆盘）作为全国百姓信仰的唯一神明。这便是埃赫那吞创立的一神教思想。在这次改革中，他关闭了阿蒙神庙，将僧侣集团财产收归政府，还在各地广建阿吞神庙。

为此，他自己专门改名为"埃赫那吞"，意思是"阿吞的光辉"。

另建城市埃赫塔吞，定为新首都

然而埃赫那吞的改革方案有些异想天开，各方面的准备并不充分，面临着强烈反弹。为摆脱阿蒙神庙祭司的控制和影响，他将首都从底比斯迁到埃及中部的阿玛尔纳。

埃赫那吞在位的第六年，动员几十万劳工修建的新都埃赫塔吞（意思是"阿吞光辉照耀之处"）落成，包括华丽的王宫、达官显贵的住宅、可以跟底比斯的阿蒙神庙媲美的阿吞神庙、部队营房。在一个吉日，埃赫那吞带领文武百官，迁入了新都。

宗教改革失败

这以后，埃赫那吞便无心朝政，整天陶醉在宗教生活和宫廷生活中，导致国力明显衰退。

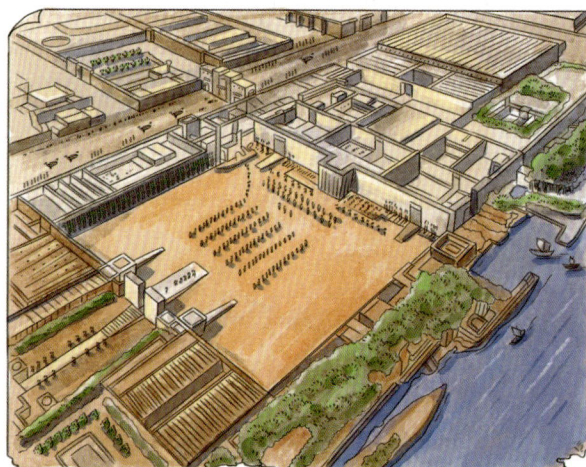

埃赫那吞死后，在各方面的压力之下，他的继任者图坦卡蒙（意思是"阿蒙的仆人"）下令将首都迁回底比斯，为阿蒙神庙僧侣彻底平反，归还他们的财产。自此，神庙势力更加强大，王权对他们也更加依赖。

失败的原因

以阿蒙祭司集团为首的旧贵族势力根深蒂固，十分强大；埃赫那吞的某些策略失误，使原本支持改革的军队和官僚奴隶主"反水"，从而削弱了自己阵营的力量；底层百姓也没有从中得到好处，相反，修建新都使他们的负担加重；埃赫那吞的接班人过于软弱，背弃了改革。

改革的成果

改革在人类历史上首次提出了一神教思想。在改革时期，造型艺术与绘画冲破了传统模式，追求现实主义或自然主义，形象生动，焕然一新，比如说**王后涅菲尔提提的美丽雕像**。还出现了歌颂阿吞和埃赫那吞的不朽诗篇，像《阿吞颂诗》等，在埃及文学史上具有划时代的意义。

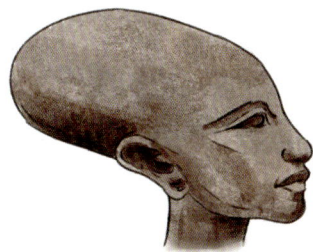

一副外星人的长相

通过保存下来的埃赫那吞的艺术形象以及后世学者的考古研究，我们发现，他似乎外貌非常奇特：极其细长的四肢，凸出的腹部和宽大的臀部。这带来了一些奇怪的观点，例如认为埃赫那吞实际上是化装成男人的女人，或者双性人；他的怪异长相，也可能是患病的结果。

王后涅菲尔提提的美丽雕像

古埃及"荆轲"刺国王

有一天，国王埃赫那吞乘车出宫去阿吞神庙祭祀的路上，突然有个人手举状纸，跪在车前，说有冤情。埃赫那吞命令他来车前，结果那个人快速跑到身边，拔出状纸中的匕首刺杀国王。埃赫那吞大惊失色，慌忙躲开，刺客被卫士杀死。反对派的这一挑衅，更加坚定了埃赫那吞改革的决心。

拉美西斯二世

- 别名：
  拉美西斯大帝
- 出生日期：
  公元前 1303 年
- 逝世日期：
  公元前 1213 年
- 主要成就：
  参加卡迭石战役

拉美西斯二世，古埃及第 19 王朝第三位法老，杰出的政治家、军事家、文学家、诗人、建筑家，执政时期是埃及新王国最后的强盛年代，在位 67 年，被历史学家称为"拉美西斯大帝"。

拉美西斯二世的成长

他的父亲塞提一世有四个孩子，两男两女，他是次子。他哥哥在很小的时候就夭折了，拉美西斯顺利地被当作继承人培

养。他早早开始在"法老学校"学习，10 岁时在军中任职，15 岁时父亲带他参战，以保证他将来成为一位智勇双全的国王。他学会了很多东西，特别是作为统治者必需的两项技能：以军事手段征服敌方和建造王宫。

最长寿的国王

当时古埃及人平均寿命仅有 40 多岁，拉美西斯二世却活到 90 多岁高龄，有 8 个王后，嫔妃不计其数；有 100 多个儿女，其中 12 个有合法继承权的儿子都走在了他前头。

卡迭石战役

拉美西斯二世与赫梯人之间的冲突起因是对叙利亚的绝对控制权。公元前 1285 年 4 月底，他率军朝奥龙特河谷进发，以征服卡迭石，这是赫梯人在叙利亚的一座重镇。

卡迭石战役中，双方损失惨重，基本打成平局，都无力再战，而且有一个共同的敌人——亚述虎视眈眈。所以，卡迭石战役实际上也标志着埃及同赫梯之间的争霸战争基本结束。

这次远征相当凶险，几乎葬送了拉美西斯二世的前程。然而通过巧妙的宣传，他将卡迭石战役变成了伟大领袖领导下的英雄壮举。

杰出的建筑家

拉美西斯二世统治期间下令兴造的建筑，比他之前的任何法老都多得多。他主持营建了很多宫殿和神庙，都是自己设计的，比如阿布·辛拜勒神庙和卡纳克神庙，还为卢克索神庙增添了新的设计结构，这些大多完好保存至今。

修建新首都

　　拉美西斯二世指挥的著名工程包括一座新首都，它的奢华程度与埃及另两座大城市孟斐斯和底比斯不相上下。这座城市被称为培尔—拉美西斯（意思是"拉美西斯的家"），位于尼罗河三角洲东部的古阿瓦里斯，在拉美西斯二世当政第五年就已初具规模，并成为他的寝宫。至于为什么选址在这里，埃及学家埃达·布莱西亚尼解释说："一个主要原因显然是，它是拉美西斯的故乡。还有军事和战略上的考量，这座城市紧挨东部边境，经常遭到外族入侵，因此必须严加防守；另外，它是一个连接埃及和亚洲的重要商业交会地。"

深受爱戴的国王

　　公元前 1213 年，拉美西斯二世在培尔—拉美西斯辞世，遗体被制成木乃伊，以一个伟大法老所能享有的最隆重方式下葬。他的儿子（也是王位继承人）梅内普塔赫乘坐御舟，率领一支庞大的船队沿尼罗河将父亲的遗体送至底比斯。两岸爱戴他的臣民百姓无不洒泪，自发相送，向这位给他们带来太平盛世的法老致敬。

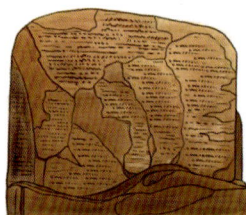

最早的国际条约

　　公元前 1259 年，也就是拉美西斯二世统治的第 21 年，他施展外交才能，让赫梯新王阿图西里什向埃及提出了缔结和约的要求，并派人给埃及送去了和约草案。拉美西斯二世同意了，在他新建的首都签订了人类历史上现存最早的国际条约，正式结束了两国之间近一个世纪的争霸战争。这份条约的两个版本都被找到了：一个是刻在卡纳克石柱大厅墙上的象形文字；另一个用巴比伦文字刻在黏土板上，是在发掘赫梯首都哈图萨废墟时发现的。

居鲁士大帝

宇宙四方之王

- 别名：
  居鲁士二世

- 出生日期：
  公元前 590 年（或
  公元前 580 年）

- 逝世日期：
  约公元前 529 年

- 民族：
  波斯

- 主要成就：
  建立古波斯帝国

波斯坐落在两河流域，就是今天伊朗的前身。公元前 6 世纪，居鲁士二世凭着位于如今伊朗西南部的一个小国起家，逐渐吞并了当时的强国米底、吕底亚和巴比伦，统一了大部分古中东地区，建立起广袤的波斯帝国。他所开创的王朝史称阿契美尼德王朝，或波斯第一帝国，直到被亚历山大征服之前，都是当之无愧的世界第一大帝国。居鲁士二世也被后人称为居鲁士大帝。

离奇的身世

被誉为西方"历史之父"的学者希罗多德记载，米底国王阿斯提阿格斯梦见女儿芒达妮的后代将夺取自己的王位。于是，他决定将女儿嫁给地位较低且性格温顺的波斯王子冈比西斯，觉得这样的话，女儿的后代就没有夺取米底王权的资格了。芒达妮生了一个儿子，就是居鲁士。阿斯提阿格斯又做了类似的梦，为防不测，他决定把外孙处死。

他让手下的重臣哈尔帕格斯去杀人灭口。哈尔帕格斯自己下不去手，便把孩子转交给一个牧人，命令他丢到荒野里。牧人的妻子刚巧生下一个夭折的男孩，他们收养了居鲁士，用自己的死婴顶替交差。

居鲁士 10 岁的时候，和同村的孩子玩扮演国王的游戏。他被孩子们推举为国王，鞭笞了一个抗命的大贵族之子。事情闹得沸沸扬扬，居鲁士的身世终于瞒不住了。但宫廷祭司说，居鲁士已经在游戏中成为国王，就不会在现实中这样了。阿斯提阿格斯终于消除疑虑，将居鲁士送回波斯。

创立帝国

征服米底：公元前 559 年，居鲁士成为波斯人的首领，励精图治，统一了波斯的 10 个部落。当年没有杀他的哈尔帕格斯受到了米底国王的惩处，立誓报仇，所以找上了居鲁士，要他攻打米底，表示自己会当内应。

居鲁士考虑再三，决定付诸行动。征服米底的战争持续了三年，公元前 550 年，他攻克米底都城，正式建立波斯帝国。

征服吕底亚：西方强邻吕底亚的国王克洛伊索斯看到波斯日益强大，心里没底，想趁波斯立国未稳将它灭掉，于公元前 547 年大胆出兵，攻打波斯。

战争开始了，双方伤亡都不轻，未分胜负，克洛伊索斯于是决定退兵。此时，居鲁士充分发

挥军事才能，主动出击，一路打到吕底亚本土，将它消灭。

征服巴比伦：公元前546年，先前由米底、巴比伦和吕底亚瓜分的世界中心文明圈，已经有三分之二落入了居鲁士大帝手里。又经过了几年对中小势力的征服，公元前539年，他将矛头指向了新巴比伦王国。战事进展相当顺利，很快就占领了大名鼎鼎的巴比伦城，它堪称当时世界上最繁华的城市。居鲁士随后迁都这里，一个西至地中海，东至印度的庞大波斯帝国建立起来了。

宽容治理世界

居鲁士戎马一生，最终战死沙场。他平定了大大小小十余股势力，那些国家所代表的文明却没有因他而遭到毁灭，甚至不少原本已经销声匿迹或是苟延残喘的文明，因他的宽容治理而焕发新生。

世界上最早的"人权宣言"

有学者说，"居鲁士宣言"是世界上最早的"人权宣言"。它刻在居鲁士圆柱上，1879年被发现，包括公元前539年居鲁士征服巴比伦等内容。他宣布，凡是愿意返回耶路撒冷的犹太人，都可以离开，当年被巴比伦掠取的5400多件圣物全部归还。

居鲁士圆柱现在收藏于大英博物馆，是一件弥足珍贵的文物。

大流士一世

- 别名：
波斯皇帝

- 出生日期：
约公元前 550 年

- 逝世日期：
约公元前 486 年

- 主要成就：
大流士改革，统一波
斯帝国

大流士一世，波斯帝国第三位皇帝，在位期间，阿契美尼德王朝达到鼎盛。他是世界历史上著名的政治家之一，自称"万国之王"，后世尊称"铁血大帝"。

大流士一世登基为王

居鲁士大帝马革裹尸以后，儿子冈比西斯二世继承皇位。大流士一世的父亲希斯塔斯帕是冈比西斯二世的堂兄弟，曾担任帕提亚地区的总督。公元前525年，冈比西斯二世远征埃及，并任命大流士为"万人不死军"总指挥。

公元前522年3月11日，冈比西斯逗留埃及期间，波斯国内爆发了政变，叛军领袖高墨达是个巫师，冒充冈比西斯的弟弟巴尔迪亚，自立为王，宣布免除赋税与兵役，非常得民心。冈比西斯二世得知消息后率军匆忙回国，却在途中暴死。

冈比西斯去世后，由大流士、欧塔涅斯、音塔普列涅司、戈布里亚斯、叙达尔涅斯、美伽比佐斯、阿司帕提涅斯组成的七人集团得到奴隶主贵族支持，回国平定叛乱。同年7月10日，大流士在米底的西迦耶胡瓦提堡消灭了高墨达，后来在跟另六个同伴的竞争中胜出，公开继承了波斯帝国的皇位。

军事平叛与扩张

大流士一世登基后，巴比伦、埃兰、米底等地先后爆发起义，他率军四处平叛，连续作战十八次，擒获八名暴动首领，扭转了帝国濒于瓦解的局势。

内部平稳后，公元前517年，他将印度河流域纳入版图，公元前513年，又控制了黑海海峡和色雷斯一带，兵锋直指希腊诸城邦。波斯帝国的疆域西至埃及，东括印度，南达波斯湾和阿拉伯半岛，北到里海和黑海一带，缔造了历史上第一个地跨亚欧非三大洲的帝国。

"大一统，小自治"的行政管理

大流士承继了居鲁士的传统，让被征服地区在承认波斯皇帝最高统治的基础上，维持一定程度的独立性，也就是"大一统，小自治"的行政管理。他尊重被征服地区的宗教信仰和风俗习惯，给予它们一定的自治权力。

他精心规划了中央集权的机构，将全国分成 20 多个行省，由皇帝直接任命波斯贵族担任总督。总督只负责政事和司法，以及维持本行省的治安。每名总督都配有一名皇室秘书，直接向皇帝汇报行省工作，并负责监督官员。行省的军权由国王任命的军官统领，军官、总督和皇室秘书互不隶属，都直接听令于皇帝，互相牵制。

帝国军队设置

大流士将全国分成五个军区，军区长官只对皇帝负责。帝国实行义务兵役制，军队分为负责保护皇室的近卫军、负责全国防务的常备军和负责驻防的地方部队；前两者由波斯人和米底人组成，后者则由地方各民族组成。皇帝还拥有一支"万人不死军"，是全国最精锐的部队，人员出现空缺时迅速补足，始终保持固定的规模。

大流士改革

后世的历史学家将他的做法称为"大流士改革"。除了行省制和军区制，他还制定法律，颁行帝国各地；定琐罗亚斯德教（拜火教）为国教，但对被征服地区人民的宗教和习俗采取宽容政策；实施税制改革，根据土地面积以及若干年内的平均产量规定税额；统一度量衡和币制，发行被称作"大流克"的金币；修筑道路，形成驿路网，自小亚细亚沿海到首都只需三天时间；勘察从印度河到埃及的航路，开凿尼罗河支流到红海的运河，大力发展贸易。

他建立的许多制度都具有开创性，深刻地影响了后来的一连串世界性大帝国——亚历山大帝国、罗马帝国、阿拉伯帝国等。

亚历山大大帝

别名：
亚历山大三世、征服王

出生日期：
公元前 356 年

逝世日期：
公元前 323 年

国籍：
马其顿王国（亚历山大帝国）

民族：
马其顿人

主要成就：
统一希腊、征服埃及；灭亡波斯阿契美尼德王朝；建立亚历山大帝国；开启希腊化时代，促进东西方文化交流。

亚历山大大帝，马其顿王国（亚历山大帝国）国王，又称亚历山大三世，世界古代史上杰出的军事家和政治家，西方历史上"四大军事统帅"（另三位是汉尼拔、恺撒、拿破仑）之首。

他在位时，统一希腊，横扫中东，占领埃及，打垮波斯，兵临印度河流域 …… 世界四大文明古国，占据了三个。亚历山大大帝称得上人类历史上最伟大的征服者。

天才出世

亚历山大是马其顿国王腓力二世的儿子。小时候，他和别的贵族子弟拜腓力二世聘请的希腊哲学家亚里士多德为师，学习哲学、逻辑学、伦理学、政治学、几何学等，接受了系统化的教育。公元前 340 年，腓力二世外出作战时，16 岁的亚历山大代父治理内政，并率领部队镇压马其顿北部的叛乱，取得了胜利。

公元前 338 年，由于腓力二世在拜占庭受挫，希腊城邦中产生了反马其顿的大叛乱。腓力二世领导联军，与雅典、底比斯展开了一场决定希腊命运的较量——喀罗尼亚战役。亚历山大作为一翼总指挥，瞅准时机果断突入敌军的缝隙，全歼了底比斯军队，使马其顿获得了极为关键的胜利。才 18 岁，亚历山大的军事天才就展现无遗。

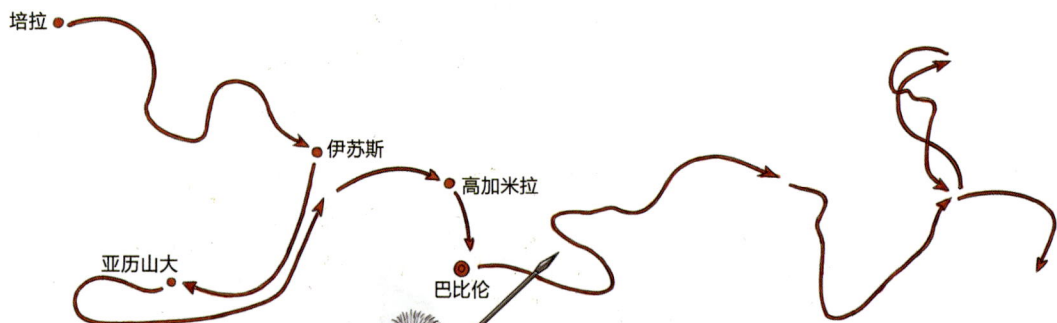

登基王位

公元前 336 年，腓力二世在女儿的婚礼上，被近身护卫官保萨尼亚斯刺杀身亡。随后，20 岁的亚历山大被马其顿军队中的重臣安提帕特推举为新国王。登基后，他充分显示了大局观和宏观战略能力，首先平定了内部贵族的谋叛，然后大军南下，重掌他父亲时代的盟主大权，不战而屈人之兵，平定了希腊的动乱，还征服野蛮部落，稳定了后方，做好了对外扩张的准备。

十年东征，构建帝国

公元前 334 年春，亚历山大率领由大约 30000 步兵、5000 骑兵、160 艘战船组成的联军开始东征。5月，他在格拉尼库斯河畔击败波斯军队，乘胜占领吕底亚、卡里亚、吕基亚、安哥拉（今土耳其安卡拉）等地。公元前333年，他在伊苏斯之战中击败波斯阿契美尼德王朝国王大流士三世。翌年攻占提尔（今黎巴嫩苏尔）、加沙，接着顺利占领埃及。为建立东征的后方基地，他在尼罗河口兴建亚历山大城。公元前331年，他在高加米拉之战中歼灭波斯大军主力，继而南下夺占巴比伦、波斯都城苏萨和古都波斯波利斯，以及米底古都埃克巴坦那（今伊朗哈马丹）。公元前330年夏，他率部沿里海南岸继续东进，经帕提亚（安息）、阿里亚、德兰吉亚那，北上巴克特里亚（大夏）和粟特，在中亚转战近三年。公元前327年夏，他到达印度河上游的旁遮普地区，翌年打败印度国王波鲁斯。

直到公元前324年初，亚历山大将近10年的东征结束，在辽阔的土地上建立起一个前所未有的庞大帝国。它的版图西起希腊、马其顿，东到印度河流域，南临尼罗河第一瀑布，北至锡尔河，首都设在巴比伦。

英年早逝

在帝国首都巴比伦，亚历山大还积极准备继续远征，企图进一步拿下地中海西部和南部地区，如迦太基和罗马。但公元前323年6月初，亚历山大突然因发热而病倒（一般认为是恶性疟疾，现代的研究有中毒的说法），此前挚友赫菲斯提恩去世，对他来说也是沉重打击。6月13日，他溘然长逝，年仅33岁。

文化传播与影响

亚历山大在东西方文化的交流过程中起到了桥梁作用，他的东征传播了希腊文化，促进了东西方文化的融合，这构成了当时重要的文化特征，开创了全新的时代。

阿育王

别名：
阿输迦、无忧王

出生日期：
公元前 303 年

逝世日期：
公元前 232 年

所处时代：
孔雀王朝

主要成就：
统一了整个南亚次大陆和今阿富汗；弘扬佛教。

他的祖父"月护王"旃（zhān）陀罗笈（jí）多，号称古印度的"秦始皇"，赶走外国侵略者，结束分裂，建立了古印度首个大一统政权——孔雀王朝。而他，将这个王朝推向了顶峰。他就是"阿育王"。"阿育"的意思是"无忧"，这位帝王却经历了从"黑"到"白"、从"魔鬼"到"天使"的一生。

百子夺嫡

清朝康熙帝的"九子夺嫡"已经是帝王家的伦理惨剧了，阿育王的夺位过程更是步步荆棘。相传，阿育王早年不受父王宾头沙罗喜爱，被派去地方，远离权力中心。但是机会总是留给有准备的人，危机四伏的艰难生活反而锻炼了阿育王，增强了他的政治手腕和领军能力。

宾头沙罗一直没有指定继承人，在他病危时，一众儿女陷入王位争夺。阿育王自然不会放过这个千载难逢的机会，迅速赶回都城。据说他在杀死99个兄弟姐妹后，终于如愿以偿登上王座，成了最后的胜利者。

阿育王登上王座

掠夺和屠杀

阿育王秉承祖父和父亲的遗志，继续对外征战，扩大版图。印度半岛上，除南部一小片土地外，都被阿育王征服了，统治范围远超现在的印度共和国。

阿育王对待血亲都可以无情杀戮，更何况那些被征服的国家。他一直觊觎富庶的羯（jié）陵伽，登基8年后，攻占了那里，10万人因此丧命，15万人被掳走，成为奴隶。

放下屠刀，立地成佛

根据佛教徒的说法，由于佛法的熏陶，阿育王开始反思羯陵伽的惨剧。他不断忏悔，并决定放下"屠刀"。从此，孔雀王朝带给邻国的不再是杀人如麻的军队，而是宣扬佛法的高僧。

古印度战争场面

33

不过，政策转变的原因真的这么单纯吗？内外之敌都被消灭以后，想让国家长治久安，本就得改镇压为怀柔，让鲜血淋漓的伤口慢慢愈合。

阿育王送别佛教使团

仁爱治国

阿育王也不忘用宽仁友爱的佛教理念去治理国家。他不光修道路、挖水井、造医院，建设了一大批民生工程，还包容耆那教、婆罗门教等其他宗教，对财产和信徒加以保护。

佛教的黄金时期

阿育王是继佛祖释迦牟尼以后，对佛教贡献最大的人之一。他将佛教定为国教，还举行了第三次大结集，整理佛教文献。在国内广建佛寺的同时，他还派包括子女在内的信徒团体前往各地传教。可以说，阿育王治下是佛教的黄金时期，它不再是区域性宗教，逐渐走向世界。因此，阿育王也被佛教徒称为"圣王"。

· tips · 为什么都是文明古国，古印度却"聚少离多"呢？

中国产生了秦、汉、西晋、唐、元、明、清等众多大一统王朝，古印度却只有孔雀、笈多、莫卧儿三个大一统王朝。这是为什么呢？

首先，古文明都是在水源充足的地方慢慢形成的。如果说黄河和长江是中国的"母亲河"，那么恒河和印度河就是古印度的"母亲河"。但是它们俩都在北部的平原上，南部的德干高原发展程度远不及北方。古代航海技术落后，南部的港口对印度来说也没那么重要。正因如此，北方政权想要征服南方高原，"性价比"太低，也就没有动力。

其次，面对外来侵略时，古印度土著文化并不能像中国的汉文化一样守住"家业"，这也导致古印度的文化"风格"一直在激烈的对抗中变化，难以稳定传承。

克利奥佩特拉七世

别名：
埃及艳后

出生日期：
公元前 70 年

逝世日期：
公元前 30 年

主要成就：
保持国家免受罗马吞并

克利奥佩特拉可能出生于公元前 70 年，是当时统治埃及的马其顿王国贵族的后裔，史称"埃及艳后"。她才貌出众，聪颖机智，政治手腕老练，一生富有戏剧性，因此变成了后世文学和艺术作品中的著名人物，被塑造为保持国家免受罗马帝国吞并的形象。

历史背景

公元前324年，亚历山大建立了横跨欧亚非三大洲的帝国，将埃及给了他手下的将军——托勒密·索特尔管理。公元前323年，亚历山大去世，帝国四分五裂，绵延50年的继承者之战打响了，托勒密·索特尔在埃及建立了自己的王朝。克利奥佩特拉正是托勒密·索特尔的后代克罗狄斯·托勒密·奥雷特国王（托勒密十二世）的次女。

公元前51年，托勒密十二世去世前夕，让克利奥佩特拉七世和儿子托勒密十三世（也是克莉奥特拉七世的异母弟弟，王室近亲结婚是埃及自古以来的传统）结婚，共治埃及，大名鼎鼎的"埃及艳后"就这样登上了历史舞台。

角逐权力失败

继承王位不久，姐弟二人都想独掌大权，克利奥佩特拉七世被赶出埃及。这次的失败并没有把她打垮，反而是难得的历练，让她积累了经验。

逃到叙利亚之后，克利奥佩特拉并不消极，开始积极组建军队，准备夺回王位。

情定恺撒，美梦破灭

公元前48年，罗马帝国的庞培与恺撒决战，恺撒追击庞培，到了埃及。托勒密十三世杀死了庞培，把人头送给恺撒，恺撒对这个做法却没有什么好感。此时，克利奥佩特拉秘密赶回埃及，想尽办法与恺撒见面，骁勇善战的恺撒就这样被精灵古怪的克利奥佩特拉七世迷住了，她成了恺撒的情人和政治盟友。

也有人推测，"埃及艳后"的容貌并没有传说中那么美丽，她的魅力在于受过非常良好的教育，熟练掌握多种语言，才思敏捷，活泼风趣。

恺撒下令克利奥佩特拉和托勒密十三世遵守他们父亲的遗嘱，共同执政。托勒密十三世不满，围攻恺撒，公元前47年兵败被杀。恺撒征服了埃及，却并未将它纳入罗马版图，立了克利奥佩特拉七世的另一个弟弟托勒密十四世为国王。

克利奥佩特拉随恺撒来到罗马，两人有了儿子，眼看幸福生活、荣耀、权力一一到来，但命运好像就是不想让她这么安稳。公元前44年，恺撒意外被刺身亡，克利奥佩特拉七世只好又黯然回到埃及。

再掌埃及

之后没多久，托勒密十四世去世。克利奥佩特拉立她和恺撒所生之子为托勒密十五世，母子共同统治埃及。小恺撒被宣布为阿蒙神之子。此时在罗马，盖乌斯·儒略·恺撒的养子屋大维及属下马克·安东尼平定了动乱，两人划分了势力范围。屋大维统治西部，安东尼统治东部。

香消玉殒

安东尼在塔尔苏斯召见克利奥佩特拉，想用埃及的财富解决军队给养问题。在她的精心谋划之下，安东尼对她一见钟情，两人在塔尔苏斯同居达12年之久。克利奥佩特拉借助罗马的强权，成功地保住了自己的王位和埃及。她给安东尼生育了3个子女。

安东尼的所作所为，激怒了屋大维——相当重要的一条是，为了"埃及艳后"，他抛弃了屋大维的姐姐。公元前32年，两人完全决裂。公元前30年，屋大维进攻埃及，包围亚历山大城。安东尼意识到大势已去，持剑自刎。

随后，屋大维生擒克利奥佩特拉七世，准备在罗马举行凯旋式时示众，克利奥佩特拉七世得知后，万念俱灰，让毒蛇咬了自己，身亡。她的长子小恺撒也被处死。

长达300年的埃及托勒密王朝也宣告结束，埃及并入罗马，直至7世纪。

盖乌斯·屋大维·奥古斯都

- 别名：
  盖乌斯·屋大维·图里努斯
- 出生日期：
  公元前 63 年
- 逝世日期：
  14 年
- 国籍：
  罗马帝国
- 民族：
  罗马人
- 主要成就：
  结成后三头同盟，平定罗马内乱；加号奥古斯都，缔造罗马帝国；元首政制的创始人。

盖乌斯·屋大维，也就是后来人们所称的奥古斯都。他是罗马帝国的建立者，在古罗马历史上，功绩和知名度也数一数二。他统一了辽阔的疆域，为罗马帝国的繁荣做出了巨大贡献。

崛起行伍

屋大维生于公元前 63 年，母亲是罗马最伟大的将领与实际统治者恺撒的外甥女。恺撒领养了屋大维，并经由遗嘱指定他为第一继承人。

屋大维从小就认真勤勉地学习演说术、人文学科，积累了丰富的学识。他还曾受命为恺撒的骑兵队长一年，参加了恺撒与庞培的内战，后来被送到阿波罗尼亚，接受教育和军事技术训练，并负责帕提亚的军队。这些锻炼磨砺了他的意志品格，为日后开展军事斗争奠定了基础。

用兵非屋大维所长，然而他善于用人，几场关键的胜利都是副手兼好友马尔库斯·阿格里帕帮他拿下的。

公元前44年，恺撒被刺后，不满20岁的屋大维登上政治舞台，与安东尼、雷必达结成"后三头同盟"。

后三头之战

这时实力不可小看的恺撒派人物有三个：安东尼、雷必达以及恺撒的甥外孙和养子屋大维。安东尼曾是恺撒手下战功卓著的名将，在军队和平民中影响力不得了；雷必达是恺撒忠实的手下。公元前43年10月，他们公开结成政治同盟，史称"后三头同盟"。三巨头的军事实力迫使元老院承认了其地位，很快，他们开始以"公敌宣告"的方式来清除政敌。

"后三头同盟"并不是自然的结盟，成员之间矛盾重重。雷必达的大部分权力很快被另两人夺走，后来被逼之下退隐江湖，而屋大维与安东尼之间的矛盾日益激化。两人分道扬镳，屋大维回到罗马，安东尼则去了埃及。

公元前32年，两人终于走向战场，一决雌雄，但是输赢很快见了分晓。屋大维在希腊西海岸阿克提乌姆湾大败安东尼与埃及艳后联军，随后追至埃及，再次大败对方，迫使埃及艳后和安东尼自杀，并且处死了恺撒与埃及艳后的私生子，使自己成为唯一的恺撒继承人。此时，刚过而立之年的屋大维成了整个罗马的统治者。

统治罗马

屋大维在罗马帝国开创了元首制，对军事、经济、宗教等方面进行了独裁。"元首"就是罗马的第一公民，实质上是"披着民主外衣的皇帝"。

奥古斯都用极其审慎的智慧统治着罗马。罗马给了他近乎绝对的权力，他给了罗马四十年的安定局面与持续增长的繁荣，史称"罗马和平"。

他创立了罗马第一支常备军（包括海军），并把军团驻扎在边境，以防止他们干预内政，又创立了禁卫军，卫戍京畿并保卫皇帝本人。

社会治理上，奥古斯都改革了罗马的财政与税收制度。他还整顿世风，赞美婚姻、家庭与生育等，给民众各种娱乐活动和面包，因此获得了他们的心。

屋大维对罗马文化的重视达到了前所未有的高度，给予诗人、艺术家、雕塑家和建筑家优厚待遇，他统治时期堪称罗马文化的"黄金时代"，原本"用砖建造的罗马城"变成了"用大理石建造的罗马城"。

tips

条条大路通罗马

奥古斯都总共统治罗马 43 年，于公元 14 年去世。这以后将近 200 年里，罗马政局稳定，经济、文化都有了比较大的发展，相当一段时间里堪称世界上出类拔萃的强大帝国。

四通八达的道路网把罗马帝国各部分联结为一个整体，而罗马城是帝国的中心。"条条大路通罗马"的谚语，形象地描绘了帝国当时交通发达，商业繁荣的景象！

第一个『阿育王』

迦腻色伽

出生日期：
不详

逝世日期：
不详

国籍：
贵霜帝国

主要成就：
贵霜帝国影响最大的君主

迦腻色伽的生卒日期、早年经历甚至即位确切年份都没有定论，但是他的名字已经成为贵霜帝国的代名词。

可能在公元 140 年，迦腻色伽登基。在他治下，贵霜达到鼎盛，成为疆域辽阔的大帝国，而且商业发达、文化多元，促进了不同文明的交流融合。

41

贵霜帝国

大月氏的历史极为悠久。公元前5世纪到前2世纪初，月氏人一直盘踞于河西走廊西部的张掖至敦煌一带，过着游牧生活。后来匈奴逐渐强大，大月氏不敌，只好西迁。

月氏人两次西迁，来到了大夏国所在地，而且很快征服了这里。当时月氏人有五个部落，分别是休密、双靡、贵霜、肸顿、都密（或者高附），各有一位酋长，叫翕侯。

又过了一百来年，贵霜翕侯丘就却独大，吞并了另四位翕侯的领地。随后他南下，征服了喀布尔河流域和克什米尔地区，定都于喀布尔，建立了贵霜王朝。

丘就却活到80多岁，他儿子阎膏珍继位后，继续扩张，占领了印度西北部。至此，亡命天涯的大月氏终于进入了新阶段，蜕变为公元1世纪震撼全球的强大帝国。

迦腻色伽崛起

迦腻色伽是阎膏珍派驻印度的将领之一，也可能是阎膏珍的侄孙。阎膏珍死后，帝国陷入了混乱和倾轧，迦腻色伽乘势而起，经过三年斗争，终于取得胜利。

迦腻色伽朝东、南、西三个方向扩张他的帝国。在东面，帝国疆界从恒河上游推进到中游；在南面，推进到纳巴达河；在西面，打败了安息（帕提亚帝国），将领土扩张到伊朗东部。

迦腻色伽将都城迁到富楼沙（现在的巴基斯坦北部重镇白沙瓦），帝国的重心转移至印度。他建立了一支强大的军队，多次远征北印度，将分裂与内斗不休的印度土邦悉数纳入掌中，巩固了政权。

实力雄厚的贵霜帝国雄踞亚欧大陆的中央，南端深入印度次大陆。迦腻色伽充分利用位于"十字路口"的优越地理位置，特别重视手工业和商业，帝国熙熙攘攘，是"丝绸之路"枢纽，贸易十分繁荣。希腊、埃及、印度、波斯文化在这里交汇融合，异彩纷呈。贵霜与同时期的中国汉朝、安息、罗马并称世界四大帝国。

佛教文化

创造了王朝全盛的辉煌之后，迦腻色伽转而追求灵魂上的事业。他是狂热的佛教崇拜者，佛教因此在贵霜帝国广为传播，这也是为了找一种好用的"黏合剂"，让新组建的帝国长治久安，而且维护自己的权威，免得被当地的宗教传统"淹没"。

沉寂了两百年以后，佛教有了新发展，出现了新派别——大乘佛教，倡导普度众生，对教义的解释也更灵活、更广泛、更通俗。与它相对，之前的那些派别就成了"小乘佛教"。

迦腻色伽采取大小乘佛教兼容的政策，身边的佛教宗师有大乘也有小乘。对其他宗教，迦腻色伽也并不排斥，他发行的钱币上能看到希腊、苏美尔、波斯等地的神像。

迦腻色伽广建佛寺，还在克什米尔召开了一次佛教大集会，各路高僧济济一堂。这被称为佛教历史上第四次大结集，规模超过前面三次。会上重新修订和解释了经、律、论"三藏"，据说成果是200卷的《大毗婆沙论》。迦腻色伽派人将它镂刻在赤铜薄片上，"藏于塔中，永传后世"。

迦腻色伽对佛教的贡献，可以说是"阿育王第二"。

tips

大小乘佛教的区别

小乘主张，修持佛法是为了在佛祖感化下，实现自己的解脱；

而大乘说，佛教的最终目的不光是自我解脱，还要帮助他人实现解脱。

戴克里先

- 别名：
  狄奥克莱斯
- 出生日期：
  244 年
- 逝世日期：
  312 年
- 国籍：
  罗马帝国
- 主要成就：
  结束了罗马帝国的第三世纪危机；罗马历史上第一个正式称皇帝的人，建立四帝共治制。

戴克里先，罗马帝国皇帝，于 284 年至 305 年在位。他结束了罗马帝国的"三世纪危机"，建立了"四帝共治"制度。

从平民到元首

罗马帝国的"三世纪危机"期间，社会下层不断揭竿而起，上层连年内讧，成了一团乱麻，民不聊生。

元首卡拉卡拉（著名的暴君）废除了之前罗马公民才能参军的传统，只要是生活在帝国境内的自由民众，就可以进入军队。正是在这一背景之下，出身寒微的戴克里先去当兵了，他父亲不过是个被释放的奴隶。

戴克里先表现优异，很快受到重用。到284年，他累积军功，晋升为帝国元首卡鲁斯的近卫军队长。

同一年里，卡鲁斯派一个儿子卡利努斯去高卢镇压当地的反抗，自己带着另一个儿子努美利亚努斯远征波斯。回程途中，卡鲁斯和努美利亚努斯先后神秘死去，可能是被近卫军长官阿培尔谋杀的。戴克里先揭发了阿培尔的罪行，并在格斗中诛杀了他，随后被拥立为元首。后来，戴克里先与卡利努斯兵戎相见，获胜，成为帝国唯一的掌控者。

从元首到皇帝

戴克里先即位之后，面对着好大一个烂摊子。

罗马在公元3世纪以前实行的是元首制，它可以说是共和制向专制君主制的过渡阶段，想当元首，形式上需要经过元老院认可。但在"三世纪危机"期间，罗马的元首基本都是军队推举的，有时如同儿戏，谁答应给的钱多就选谁，元老院成了个空壳，推举权力几乎形同虚设。

为了提高君主的地位、免得跟无数前任一样登基没两年就掉脑袋，戴克里先夺走了元老院的最后一点权威，和旧传统决裂，直接宣布自己是"众神之王"朱庇特的儿子，权力来自神明。

戴克里先不断强化臣民的顺从意识，给他们"洗脑"，包括效仿波斯皇帝头戴冠冕、身披绛红皇袍，还要求大家对自己行跪拜礼。通过这一系列操作，戴克里先成为罗马历史上第一位真正意义上的皇帝，拥有至高无上的权威。

戴克里先的改革

为了解决"三世纪危机",他进行了一系列改革,好给罗马帝国"续命",包括政治、军队、经济、宗教等方面。

最令人瞩目的是货币改革。罗马之前所用的货币含金银量越来越低,不断贬值,所以物价和坐了火箭一样,通货膨胀空前严重。戴克里先发行了纯度更高的一套贵金属货币,希望能压制物价的恶性上涨,然而"劣币驱逐良币",大家都把他的新币藏起来,继续用旧币买东西,他的努力打了水漂。

创建"四帝共治"制度

统治前几年里,帝国不断出现战乱,按下葫芦浮起瓢。戴克里先总结道,这是因为疆域过于庞大,一位皇帝管不过来。彻底的解决方法,就是在地图上画一条直线,将帝国切成东西两大块。为了解决帝位继承问题,戴克里先创立了"四帝共治"制度:帝国东西两部分别由两位主皇帝统治,再各以一位副皇帝辅政。

先前罗马皇帝的一大串头衔里,"奥古斯都"最重要,所以它变成了两位主皇帝的称号,将比较次要的称谓"恺撒"授予两位副皇帝。戴克里先的如意算盘是,主皇帝在退休或死亡时,由副皇帝继承,"摇身一变"成为主皇帝以后,他再任命新的副皇帝。理想状况下,这样就不用三天两头因此大打出手、血流成河了。然而他小看了人性,"四帝共治"很快崩溃,公元395年,罗马帝国永久性分裂。

在292年,戴克里先正式推行这一制度,并任命自己为东部帝国主皇帝,马克西米安为西部帝国主皇帝,他们和两位副手各管辖四分之一帝国。

tips · 自行退位的皇帝

305年,由于长期生病,戴克里先宣布退休(西部帝国的主皇帝同时宣布退休),两位恺撒按制度成为主皇帝。戴克里先主动放弃帝位与权力,归隐田园,回到亚得里亚海滨种菜。后来别人想让他再出山,遭到拒绝。关于他的结局说法不一,可能善终了,也可能由于改革成果尽付流水、妻女无罪被杀而精神失常,晚景凄凉。

君士坦丁一世

别名：
君士坦丁大帝

出生日期：
274 年

逝世日期：
337 年

国籍：
罗马帝国

民族：
罗马人

主要成就：
重新统一罗马帝国；颁布《米兰敕令》，召开尼西亚会议，提高基督教地位；进行政治、军事、财政改革，加强中央集权。

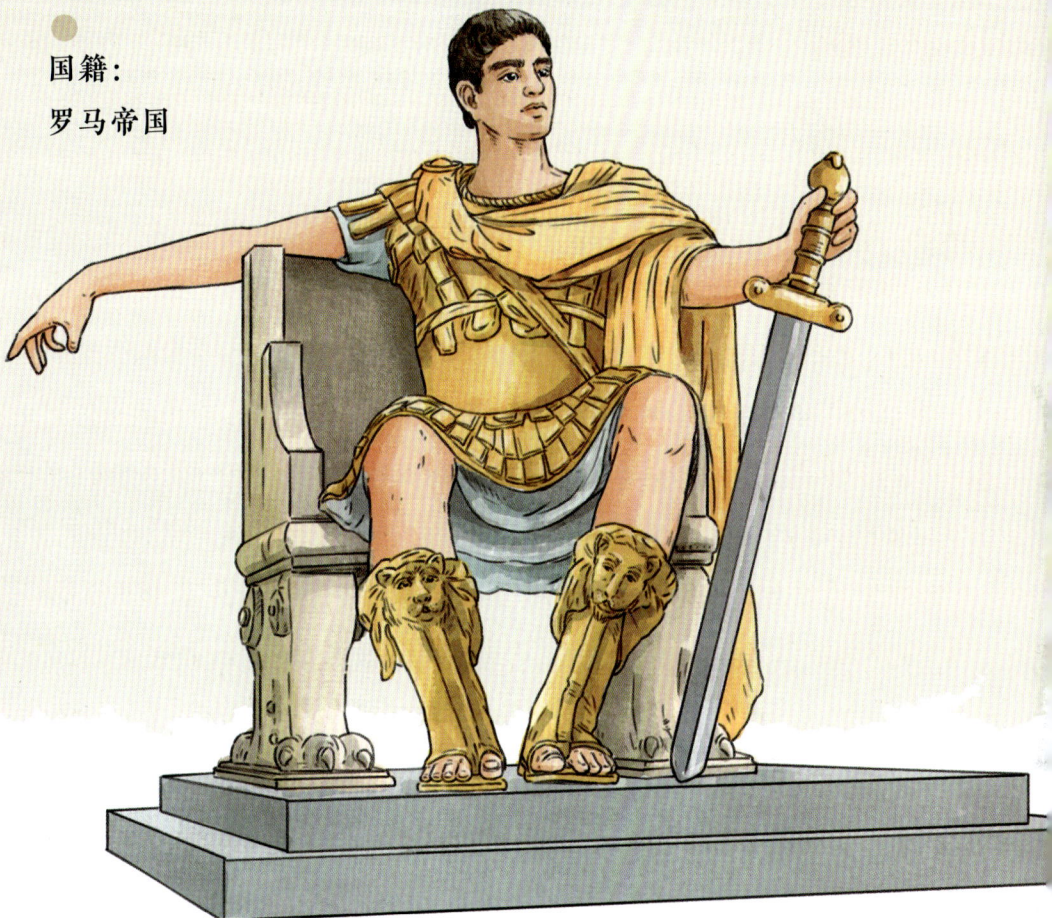

君士坦丁大帝，本名盖乌斯·弗拉维乌斯·瓦莱里乌斯·君士坦丁。他是第一位信仰基督教的罗马皇帝，在他治下，基督教变成了有实无名的国教。他的一系列改革措施，对欧洲从奴隶社会向封建社会过渡起到了重要作用。

成为西部帝国皇帝

他的父亲君士坦提乌斯是高级将领。当时正值戴克里先推行"四帝共治"制度，君士坦提乌斯成为西部帝国"奥古斯都"马克西米安的副手。年轻的君士坦丁曾在东部帝国"奥古斯都"戴克里先手下效力（也相当于人质），并在对埃及和波斯的战争中靠自己的勇敢和才能升任高级军官。

305 年，戴克里先和马克西米安同时退位，君士坦提乌斯成为西部帝国主皇帝。遭受东部帝国新君猜忌的君士坦丁设法逃离，回到父亲身边，在不列颠等地同"蛮族"作战。

306 年，君士坦提乌斯去世，君士坦丁继位为西部帝国主皇帝。但是爆发了内战，获得东部帝国主皇帝伽列里乌斯支持的李锡尼、不甘心"退居二线"的马克西米安、他儿子马克森提乌斯、曾担任"恺撒"的另外两人也参与了这场"权力的游戏"。君士坦丁同李锡尼结盟，于 312 年统一了西部帝国，次年李锡尼也成为东部帝国唯一的"奥古斯都"，迎娶了君士坦丁的妹妹。

颁布《米兰敕令》

313 年，两位皇帝君士坦丁和李锡尼联合颁布了《米兰敕令》，声称民众有自由选择信仰的权利，给予基督教合法地位，归还了以前没收的教堂和财产。这是基督教发展历程中的重大转折。

君士坦丁晚年受洗为基督教徒。他颁布法令，赐予基督教诸多特权，如教会有权接受遗产和捐赠、神职人员豁免赋税和徭役等。在他统治时期，信奉基督教成了晋升国家高级职位的捷径。他本人还建造了多座知名教堂，像耶路撒冷圣墓教堂。基督教不再是少数人冒着生命危险的信仰，于 392 年正式成为罗马帝国的法定宗教，在西方文化史上留下了浓墨重彩的一笔，君士坦丁也是欧洲史上最关键的人物之一。

统一罗马，唯我独尊

君士坦丁与李锡尼之间的和睦没维持多久。君士坦丁不满足于这种"天有二日"的格局，不断加强自身实力，李锡尼也察觉了，违背约定，又开始打压基督徒。

两人都为独霸帝国而投入了新的战斗。324年，君士坦丁击溃李锡尼，次年将他绞死，从此成为罗马世界至高无上的统治者。

重大举措

●君士坦丁在位期间，在戴克里先的基础上，进一步神化皇帝本人，还采取强硬手段，实施了行政、金融、社会和军事等方面的一系列改革。他重组了政府，将民事和军事当局分开，实行文武分治；经济上，他推出了新的金币——固相钱，成为后世欧洲货币的标准。

●君士坦丁取缔了在"三世纪危机"中多次弑君、习惯于通过拥立皇帝来讨价还价的近卫军。他大量扩充军队，击退了法兰克人、哥特人等外敌，使罗马帝国在末期能享受难得的和平。

● 330年，他把首都迁到了拜占庭，重修并大规模扩建了这座古老城市，建起了宏伟的城墙，把它重新命名为君士坦丁堡。君士坦丁堡（现在叫伊斯坦布尔）曾是世界上最大的、最繁华的城市之一，开始了它辉煌千年的历史。

●君士坦丁统一罗马帝国之后，废除了"四帝共治"制度，加强皇帝本人的独裁权力，把领土分封给自己的子侄。然而，帝国并没有因此归于一统，皇室内部出现了许多骨肉相残的惨剧。

tips ## 一个星期七天的制度

公元前7至前6世纪，巴比伦人便有了星期制。真正让它固定下来的是君士坦丁大帝，他在327年3月7日明确规定7天为一个星期，这个制度在世界上沿用至今。

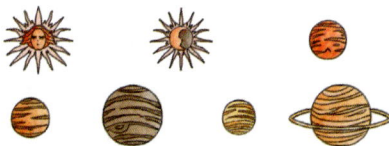

沙普尔二世

娘胎里继位的千古帝王

- 出生日期：
  309 年
- 逝世日期：
  379 年
- 国籍：
  波斯帝国
- 主要成就：
  留给继承者的是
  一个国力强盛、
  受人尊敬，且整
  体上安定和平的
  伊朗。

沙普尔二世，波斯国王，在位整整 70 年。他统治时期，波斯帝国疆域东起帕米尔高原，西接罗马帝国，成为当时最耀眼的政权之一。

娘胎里继位的国王

波斯是伊朗古时候的名字，沙普尔二世的父亲是萨珊王朝第八位沙阿（国王）霍尔密兹德二世。霍尔密兹德二世自公元 302 年登基之后，几乎天天都带兵打仗。309 年进攻罗马帝国时，他不慎中了敌军埋伏而阵亡。此时沙普尔二世还在皇后母亲肚子里。

消息传到都城泰西封（现在的伊拉克巴格达东南），为了避免波斯第二帝国（第一帝国就是之前提到的阿契美尼德王朝）因群龙无首而陷入内忧外患，文武大臣建议立刻选出新王。霍尔密兹德二世的遗腹子继承顺位最靠前，所以群臣商议之后决定，让娘胎中的沙普尔二世立刻继位。大家向躺在御床上的皇后下跪行礼，大祭司将王冠放在她肚子上。

沙普尔二世顺利出生了，由母亲皇太后摄政、父亲生前几位心腹大臣辅政。在这些人的保驾护航下，据说公元327年，18岁的沙普尔二世亲政，很快成长为一位文武兼备的君主。

励精图治，重整山河

沙普尔二世亲政之前，萨珊王朝吃了不少败仗，出现重重危机。面对严峻形势，他对国家各方面都开展了大手笔的改革。他深知强大的军事力量再重要不过，在这方面花费了许多心血。

在沙普尔二世的励精图治下，萨珊王朝再次富强起来，终于用武力迫使多年劲敌贵霜帝国和笈多帝国（位于印度次大陆，以恒河流域中下游为基地）等臣服，并击败了最强大的罗马帝国，让御驾亲征的皇帝重伤而死，它因此元气大伤，很长时间没能恢复。萨珊王朝的国力如日中天，几乎一统西亚和东北非。

优待俘虏，发展经济

沙普尔二世还有一项重要政策：将被俘的罗马士兵和居民安置到波斯帝国各地，利用他们的特长和技术发展毛纺织业和丝织业，并修建城市（在这些方面，罗马人比波斯人占优）。

沙普尔二世时代尽管战事不断，国内经济却欣欣向荣，此时世界上其他重要文明都正处于衰落或混乱时期（比如说，中国是东晋十六国），所以波斯帝国暂时一枝独秀。

扶持拜火教，打击基督教

萨珊王室的祖先原是安息帝国的拜火教世袭祭司，他们夺取王位以后，自然以拜火教作为波斯全国的信仰。

公元后几个世纪里，新兴宗教抬头，冲击原先秩序，罗马、波斯这俩"死对头"都需要重新选择信仰。

而在波斯，拜火教同基督教、摩尼教三足鼎立。沙普尔二世时期，摩尼教此前被打压过好几次，影响很弱小，基督教却迅猛发展，信众占到了人口的三成左右，大有取代拜火教之势。加上基督教在罗马帝国已经取得了正统地位，情形越发微妙。

自 339 年起，直到去世，沙普尔二世始终扶持拜火教，对基督徒大加迫害，无数人头落地、教堂和圣物被毁。中东的基督教虽然没有彻底消亡，但从此一蹶不振。欧洲和中东之间信仰和意识形态的对抗，开始得可能比我们想象中还要早。

tips

拜火教的其他名字

它的创始人是琐罗亚斯德（Zarathustra，又译查拉图斯特拉），所以也叫琐罗亚斯德教。摩尼教是它的一个分支。

它又叫祆（xiān）教，据说是"胡天"的意思，注意可不是棉袄的"袄"呀！

上帝之鞭

阿提拉

别名：
上帝之鞭

出生日期：
406 年

逝世日期：
453 年

民族：
匈人

主要成就：
使帝国版图扩大，繁荣鼎盛；横扫欧洲，使西罗马帝国名存实亡。

阿提拉，古代亚欧大陆匈人的领袖，被欧洲人称为"上帝之鞭"。448—450 年，匈人帝国在阿提拉的带领下盛极一时，然而阿提拉死后，霸业顷刻成空。

人质生涯

匈人是不是中国史书里的匈奴人，还没有定论。作为游牧民族，他们经常打劫邻居罗马人。后来双方达成协议，罗马每年给匈人 350 磅（约 114.5 千克）黄金，匈人不准再随意抢掠。为保证遵守规则，双方互换了贵族人质，若有违反，另一方可以随便处置人质。

12 岁的阿提拉就这么进入了西罗马帝国宫廷，虽然自由受到限制，生活却还是比较优越的。欧洲先进而丰富的宗教、文化、经济、军事知识大大开拓了他的视野，他内心也埋下了建立大一统国家，甚至称霸的种子。

值得一提，西罗马送出去的人质埃提乌斯，日后成了抵抗阿提拉西进的将军。

血腥上位

432 年，匈人各部落在阿提拉伯父鲁嘉的领导下完成了统一。两年后鲁嘉去世，两个侄子阿提拉和布莱达便继承了王位。

阿提拉野心勃勃，不满足于两个人共治，后来借机除掉了布莱达，唯我独尊。

进攻，进攻，再进攻

惨烈的内战以后，阿提拉镇压了兄长布莱达的手下，巩固了自身地位，开始带领铁骑征战四方。

阿提拉有一句名言："被我战马践踏过的土地，将寸草不生！"他的军队不放过任何一个烧杀抢掠的机会，载走了无数财宝，铁骑所过之处一片废墟，曾经富庶的市镇化为灰烬，数年之后，人们看到的依旧是白骨累累的荒城。

阿提拉两次率军入侵巴尔干半岛，包围君士坦丁堡，亦曾远征高卢（今法国）的奥尔良地区，还攻陷了当时西罗马的首都拉文纳，赶走皇帝瓦伦丁尼安三世，使帝国名存实亡。

匈人帝国在阿提拉的带领下席卷欧洲，版图最辽阔时东起咸海，西到莱茵河，南至多瑙河，北抵波罗的海。这大片领土并非都由匈人帝国直接管辖，其中有许多附属国，平日向阿提拉称臣纳贡，战时出兵协助。

意外离世

453 年夏天，阿提拉迎娶一位勃艮第公主作为新妻子，痛痛快快喝了很多酒，婚礼次日，突然口鼻满是鲜血，离开人世。匈人帝国这个比较松散的政权，在阿提拉死后也迅速瓦解消失，这让他的一生更富传奇色彩。不少中世纪统治者（例如保加利亚王室）宣称，阿提拉是他们的祖先。

上帝之鞭

欧洲人觉得，阿提拉是上帝派来惩戒他们罪恶的"天罚"，无法理解也难以抵御，后来的成吉思汗也得到了类似的称号。

阿提拉的名字成了残暴和野蛮的同义词，他被看作文明社会的公敌，不懂得建设，只擅长毁灭。直到当代，大量电影与艺术品对他的描绘也是如此。

tips · ## 阿提拉的"遗产"

匈牙利首都布达佩斯的一条主街名叫"阿提拉大道"，阿提拉还是匈牙利最常见的名字之一，叫这个名字的甚至包括一位与裴多菲齐名的诗人。

查士丁尼一世

- 别名：
  查士丁尼大帝

- 出生日期：
  482 年或 483 年

- 逝世日期：
  565 年

- 所处时代：
  古典时代晚期与中世纪
  早期

- 主要成就：
  整理罗马法，加强专制，
  发展商业，干预宗教，扶
  持文艺，征服西境。

查士丁尼一世是罗马帝国晚期最重要的皇帝、世界上影响最大的帝王之一。

他为拜占庭打下了稳固的基础，这个帝国在历史的风吹雨打中延续了近千年之久，后来一度成为亚欧大陆西部文明世界硕果仅存的火种。

他还制定了《国法大全》。这部法典在拜占庭帝国衰亡后影响力一度大不如前，但在欧洲文艺复兴运动的推动下，重新焕发活力，成为超越时空限制的法律大全。

辅佐叔叔，继承皇位

查士丁尼生于东罗马帝国达尔达尼亚行省托莱索村（现在属于保加利亚或马其顿）的农民家庭。青年时期，他去君士坦丁堡投靠了担任高级将领的叔父查士丁，查士丁对他颇为看重，给了他接受良好教育的机会，并收为养子。

518年，阿纳斯塔修斯一世驾崩，在查士丁尼的协助下，查士丁被拥立为拜占庭皇帝，称号是查士丁一世。此后，查士丁尼继续辅佐叔父制订国内外的重要政策，并获得"恺撒"的封号，相当于副皇帝。

527年4月1日，查士丁尼被授予"奥古斯都"尊号，成为共治皇帝。同年8月1日，查士丁去世，他独揽大权。

开疆拓土

查士丁尼一世把重现古罗马的辉煌作为目标，希望能够消灭占据西罗马故土的一系列"蛮族"国家。他重用名将贝利撒留，东征西讨，花了20年的时间对抗波斯帝国，击溃汪达尔人，压制东、西哥特王国，收复了意大利、北非和西班牙的一部分，领土面积几乎扩大了一倍，地中海再次成为罗马的内湖。然而，长期战争让国家元气大伤，这些胜利果实没过多久就又丧失了。

夫妻同心

查士丁尼的皇后狄奥多拉出身寒微，可能当过滑稽剧演员，查士丁尼迎娶她，也面临着朝野的强烈反对。然而，她性格坚强、聪颖大胆，拥有危急关头力挽狂澜的勇气和才干。

532 年，君士坦丁堡爆发了"尼卡"（胜利的意思）起义。当时流行马车竞赛，不同车队（根据赛车手的服色，有蓝队、白队、绿队、红队等）的支持者实际上成了政治党派，冲突不断。1 月 11 日开始，"蓝党"和"绿党"同皇帝发生冲突，随后打砸焚烧教堂、官署、监狱，到 18 日差不多控制了都城，并准备推选新皇帝。

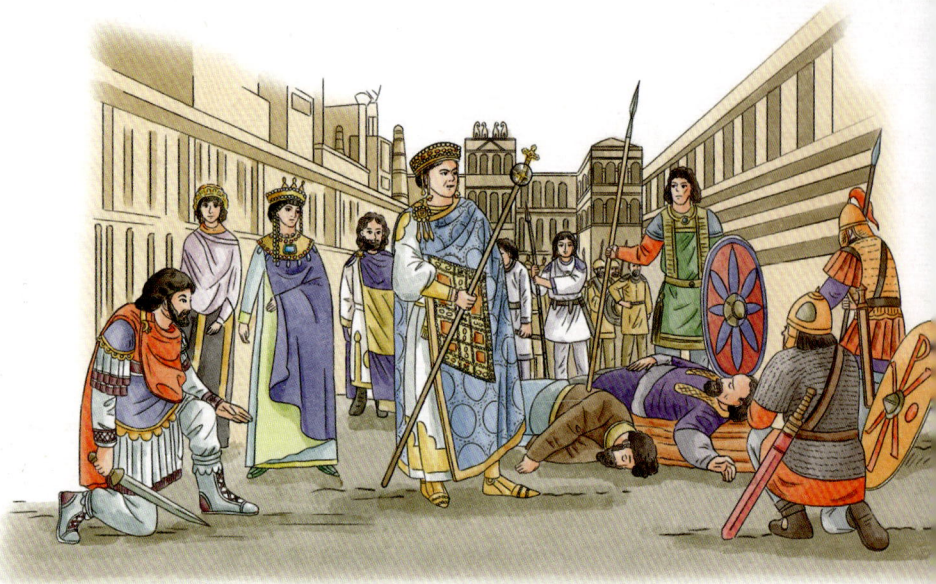

查士丁尼想要逃跑，狄奥多拉却坚决反对，说："头戴皇冠的人不应该在失败时苟且偷生，紫袍（帝后的服装）是最美丽的裹尸布。"查士丁尼听了这番话，面红耳赤，决定留下来，随后借助贝利撒留的兵力，成功镇压了动乱。

大陆法系的奠基者

《国法大全》一开始合称《法学大全》，后来为了与《宗教法大全》对称，又叫《国法大全》。它由四部分组成——《查士丁尼法典》《学说汇纂》《法学阶梯》《新敕》。严格来说，《国法大全》只是对以往法律的汇编和对罗马主要法学家意见的摘录，并不是一部体系严密的新法典。然而，它算得上罗马法的集大成之作，对后世"私法"影响深远，从形式到内容都被近代欧洲列国（除英国外）比较完整地继承下来，成为大陆法系的基础，由此对亚、非、美洲都产生了影响。

tips **圣索菲亚大教堂**

它是拜占庭帝国的主教堂，位于君士坦丁堡（现在的伊斯坦布尔），因巨大的圆顶而闻名于世，在奥斯曼土耳其帝国统治期间被改成清真寺，1985 年被列为世界文化遗产。它是公元 532 年查士丁尼一世下令建造的第三所教堂。

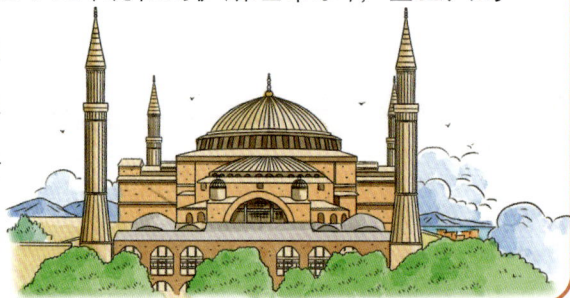

推古天皇

出生日期：
554 年

逝世日期：
628 年

国籍：
日本

民族：
大和族

主要成就：
日本历史上第一位女天皇；推古朝改革。

时至今日，日本社会"男尊女卑"现象仍然存在，宪法规定天皇之位必须由男性继承。1000多年前，日本却出现了第一位名正言顺的女天皇——推古天皇，这比中国唯一的女皇帝武则天还要早将近 100 年。她究竟怎么当上天皇的，又做了哪些事，让现在的日本人还对她推崇有加？

皇后变天皇

推古天皇生于 554 年，原名额田部，是第 29 代钦明天皇的女儿，《日本书纪》说她"姿色端丽，进止轨制"。钦明天皇死后，敏达天皇继位，额田部嫁给了这个同父异母的哥哥为妃，后来被立为第二任皇后。执政 14 年后，敏达天皇死于瘟疫。之后的用明天皇和崇峻天皇分别是额田部的同母兄、异母弟，但是一个即位两年就病死了，一个登基五年后被权臣苏我马子谋杀。

该立谁当下一任天皇，额田部所生的竹田皇子还是敏达天皇第一任皇后广姬所生的皇子？两派人马争论不休，谁也不肯相让。

苏我马子为了继续控制朝政，想推一个既亲近苏我氏又能服众的皇室成员上位。额田部人望不低，又是苏我马子的外甥女，所以当上了天皇，当时她 38 岁。

崇峻天皇被苏我马子派来的刺客暗杀

苏我马子和圣德太子互相制衡

平衡之术

天皇频繁更替，甚至被权臣谋杀，足以想象日本当时局势有多混乱、皇室权力有多衰微。

额田部登基，称为推古天皇，最开始是为了给儿子"铺路"，是个过渡性的角色。然而没过多久，竹田皇子就去世了。后来她任命厩户皇子（用明天皇的儿子，也就是著名的圣德太子）摄政，制衡苏我氏的势力。圣德太子的母亲是推古天皇的妹妹，和她的血缘关系非常密切。正是因为推古天皇高明的政治手腕，无论是外戚权臣还是皇族内部，都不敢再对天皇之位起非分之念，日本政局才暂时得以稳定。

推古改革

推古天皇大力支持圣德太子加强皇权的改革措施。一是推崇佛教，兴修寺院。二是建立了新官制"冠位十二阶"，储备人才。

冠位十二阶

大德 小德 大仁 小仁 大礼 小礼 大信 小信 大义 小义 大智 小智
紫　　　　青　　　赤　　　黄　　　白　　　黑

三是制定了日本最早的成文法典《十七条宪法》。四是不断选派留学生出访隋朝，拉开了师从中国的序幕。

这些改革措施，逐渐改变了日本落后封闭的面貌，开启了第一个文化繁荣的时代——"飞鸟时代"，为之后的"大化改新"打下了良好基础。

遣隋使出访

岛国的野心

随着国力提升，日本的野心也开始膨胀。早在汉朝，中国和日本列岛就有了交往，东汉光武帝颁给九州岛上某个政权的"汉委奴国王"金印就是最好的见证。彼时日本小国林立，都以得到中国王朝的册封为荣，这样才能彰显自己的"正统"地位。

而推古天皇在给隋朝的国书中写道"日出处天子致书日没处天子"，显然是要摆出两国平起平坐的架势。推古天皇在位时，还两次出征朝鲜半岛上的新罗国，逼迫朝鲜割让城池。

tips

大化改新：它和明治维新是日本历史上最重要的两次社会变革，使日本从奴隶制社会过渡到封建社会。

《十七条宪法》：圣德太子在推古天皇的支持下，依据中国儒、佛、法各家思想编制的，成为日本最早的管理国家的道德守则。

戒日王

别名：
诗罗逸多

出生日期：
589 年

逝世日期：
647 年

国籍：
印度

主要成就：
统一北印度。

戒日王在危难中即位，凭借强大的政治手腕和军事能力，逐渐统一了印度北部，在恒河这条印度的母亲河周围开创了短暂的繁荣稳定局面。与玄奘法师的一段佛缘，让他在中国的知名度更高了。

临危即位

经过几十年的互相攻伐，北印度逐渐形成了四国鼎立的局面，坦尼沙、穆里克"抱团"，对抗高达和摩腊婆的联盟。戒日王就是坦尼沙的二王子，而他的姐姐为了稳固盟友关系，嫁给了穆里克国王。

他十五岁那年，坦尼沙国王突然病逝，打破了微妙的势力平衡。趁着坦尼沙无暇外顾的空当，高达联合摩腊婆进攻穆里克，杀死了国王，俘虏了王后，还准备吞并坦尼沙。

正在外打仗的戒日王兄弟立马回国，哥哥即位后，立马亲领大军，展开了对穆里克的救援。就在节节胜利的时候，他被高达国王所派的刺客暗杀，群龙无首的坦尼沙军队败下阵来。

坦尼沙乱作一团的危急时刻，留守国内的戒日王登基。

统一北方

戒日王一面举全国之力，一面寻求盟友，抗击强大的敌军，终于恢复了穆里克王国，迎回自己的姐姐。612 年，坦尼沙、穆克里两国正式合并，戒日王朝由此开始。

戒日王逐渐征服了东西两边的小国，最终也吞并了宿敌高达王国，统一了几乎整个北印度，但是在向南扩张时遇到了遮娄其王朝的顽强抵抗，以失败告终。642 年，戒日王结束了战争，他的王朝也达到鼎盛，势力范围东达布拉马普特拉河（雅鲁藏布江下游），西临印度河，北到雪山，南至纳巴达河。

合并坦尼沙、穆里克两国

戒日王盛情为玄奘举办无遮大会

因佛与中国结缘

戒日王自己信仰印度教的"前身"婆罗门教，但对别的宗教一视同仁，尤其是在对抗高达王国的入侵时，与敌手迫害佛教徒不同，戒日王敬佛礼佛，因此争取到了许多支持。

戒日王统治时期，正值《西游记》主角玄奘西行取经。戒日王对这位远道而来的大唐使者礼遇有加，并于 642 年为他破例单独举办了一场无遮大会。面对数以千计的王公大臣和佛教、婆罗门教高僧，玄奘宣讲大乘教义，竟没有人能辩倒他。因此，玄奘获得了"大

乘天"尊号，《大唐西域记》中也有大段对戒日王朝繁荣富庶的描述。正是从这时开始，中国大唐王朝与印度戒日王朝多次遣使互访，增进了对彼此的了解。

文武双全

戒日王在文化方面也可以说是集大成者，称得上"国王诗人"。他创作的剧本《璎珞记》和《龙喜记》中就有宣扬佛教舍己为人、普度众生的思想。《龙喜记》更是将佛列入婆罗门教诸神之中，且尊为首要的神，这正是婆罗门教融合佛教教义、逐渐形成印度教的体现。

盛世隐忧

在戒日王治下，印度封建制度完全确立，经济文化也欣欣向荣，然而潜藏着巨大的隐患。对内，为了维护统治，他将大量土地分封给王公贵族和僧侣寺院，使这些人拥有独立于中央的政治、经济、司法权力，各片封地俨然一个个独立王国。对外，周边小国只是名义上对戒日王称臣纳贡，实际上仍然自治。

独立的三十多个封建藩国

正因如此，戒日王更像是政治领袖、军事盟主，并没有建立强有力的中央集权体系，颇有中国西周王朝"天下共主"的意思。647 年戒日王驾崩以后，整个王朝便分崩离析，重新出现了小国林立的局面。

tips

无遮大会：戒日王规定，每五年举行一次无遮大会，各地僧侣聚在一起辩论，进行学术交流，共 75 天。按照排期，无遮大会应在 643 年举办。

大乘天：指真正会通佛法的人，能够圆满地解释大乘和小乘。是对玄奘法师的专用尊称。

查理大帝

别名：
查理曼

出生日期：
742 年

逝世日期：
814 年

国籍：
法兰克王国

民族：
法兰克人

主要成就：
征服西欧大部分地区，使法兰克王国领土达到鼎盛；重视文化发展，促成加洛林文艺复兴。

20 世纪两次惨烈的世界大战当中，德、法这两个欧陆强国都没能吞并对方。但是在 1000 多年前，查理大帝统治的法兰克王国疆域不仅涵盖了德国和法国，还有意大利中北部，这在后世是难以想象的。因此，查理大帝被誉为"欧洲之父"。

从崛起到巅峰

395 年，盛极一时的罗马帝国分裂为东罗马帝国（也叫拜占庭，享国 1000 多年）和西罗马帝国。在苟延残喘 81 年后，西罗马帝国被日耳曼人灭亡。之后，整个西欧陷入了 300 多年的混乱，这段时间里，有个叫法兰克的日耳曼人分支逐渐强大起来，建立了法兰克王国，占据了今天法国的大部分。

法兰克王国一开始由墨洛温王朝统治，后来，大权逐渐落入掌握宫廷事务的宫相手中。宫相查理·马特（查理的祖父，外号"铁锤"）732年击败摩尔人（对西亚、南欧和北非穆斯林的称呼），阻止了他们向西欧进一步扩张。查理的父亲"矮子"丕平索性废掉旧主，将其送入修道院，自立为君，开创了加洛林王朝。

查理继位以后，继续开疆拓土。他在南边灭亡伦巴第王国；在东边击败撒克逊人、阿瓦尔人和斯拉夫人；在西边击败摩尔人。四十多年的执政生涯中，他发动了五十多次战争，疆域扩展了一倍，覆盖了现在的法国、德国、意大利、瑞士、奥地利、荷兰、比利时等地。

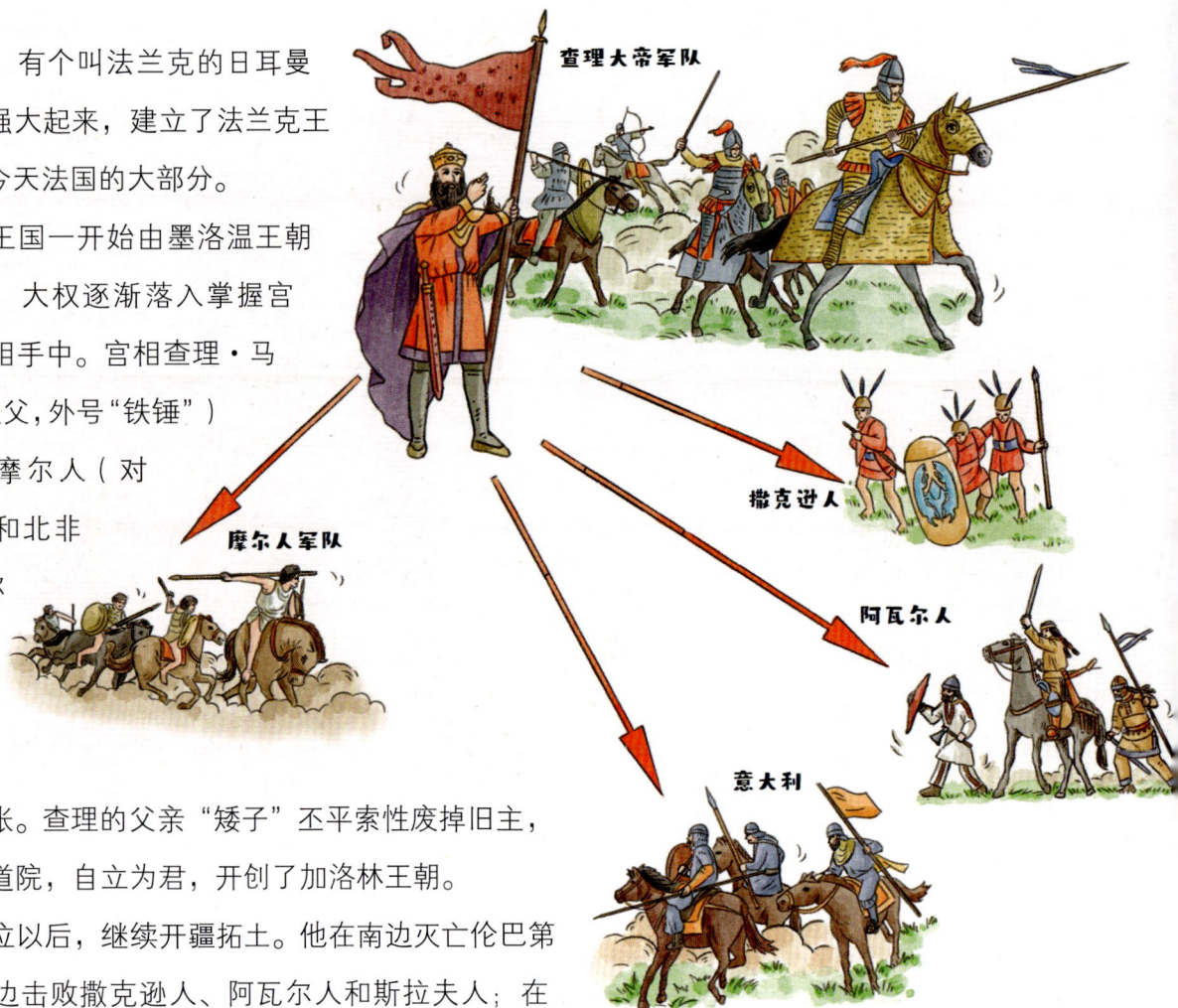

查理大帝军队

撒克逊人

阿瓦尔人

摩尔人军队

意大利

罗马人的皇帝

西罗马帝国灭亡以后，罗马教廷依旧统治人们的思想，这就让自诩为罗马正统的拜占庭帝国与教廷的矛盾逐渐加深。于是，教皇急需一个可以保护自己的盟友。从"矮子"丕平开始，法兰克就是教皇的政治盟友。他将从拉文纳到罗马的大片领土划为教皇辖区，形成了"教皇国"。这个事件史称"丕平献土"。

到了查理时，这层关系更加紧密了。他一直以教会"保护人"的身份扩张，强迫新征服领土上的民众改信基督教。他不光提高了教皇的权益和影响力，还救出了被罗马贵族废黜、囚禁的教皇。800年圣诞节这天，教皇突然给在做弥撒的查理戴上皇冠，称他为"罗马人的皇帝"。这相当于公开宣布查理才是罗马正统的后继人，基督教世界的领袖。此时，查理的威望也达到了顶峰。

蛮族的"进化"

欧洲文明的发源地是希腊，后来被罗马继承。法兰克人一直在文化上被碾压，被罗马视为"蛮族"。查理不但善于军事征服，也不忘发展文化事业。他广招知名学者讲学，兴建教堂、学校和图书馆，提升了日耳曼人的文化水平，成功将文明中心从地中海沿岸的希腊转移到位于欧洲腹地的莱茵河，史称"加洛林文艺复兴"。

教皇给查理加冕

无法克服的矛盾

查理将新得到的土地分给了随他征战的贵族，还将大量土地赠与教会，以加强统治。这不仅让贵族权力逐渐增大，就连被他控制、利用的教会也有了更多世俗权力。由教皇加冕，更是被后世国王看作正统地位的重要标志，教皇因此有机会插手军政事务。这种王权和教权的矛盾，是中世纪欧洲的"主旋律"之一。

tips

查理死后，根据法兰克人的传统，帝国一分为三，由他的孙子继承，分别形成了西法兰克王国（法国的前身）、中法兰克王国（意大利的前身）、东法兰克王国（德国的前身）。儿孙们并没有他的魄力和能力，互相打来打去，成了一团乱麻。

哈伦·赖世德

《一千零一夜》的男主角

别名：
艾布·贾法尔·哈伦·本·穆罕默德·马赫迪

出生日期：
764 年

逝世日期：
809 年

民族：
阿拉伯人

主要成就：
阿拉伯帝国最伟大的哈里发之一。

阿拉伯帝国是横跨亚非欧三大洲的穆斯林国家，在 8—9 世纪以惊人的速度开疆拓土，促成了伊斯兰教的第一次大传播。这个帝国极盛时期的哈里发[1]，正是集政教权力于一身的哈伦·赖世德，让他出名的不光是武力征服，还有对文化事业的贡献。他是文学名著《一千零一夜》中，很多故事的主角。

鼎盛的阿拉伯帝国

穆罕默德从 610 年开始传播伊斯兰教，被誉为"先知"。如同耶稣刚开始传播基督教一样，伊斯兰教一开始也受到了统治者的迫害。但最终，穆罕默德和麦加的统治者达成妥协，建立了以伊斯兰教为核心的阿拉伯帝国。

穆罕默德死后并未指定继承人，先后推选了四任哈里发。661 年继位的第五任哈里发不再是穆罕默德传教时的"亲密战友"，而是以叙利亚总督身份起家的穆阿维叶，他开创了哈里发世袭制度，阿拉伯帝国也进入了以他家族命名的"倭马亚王朝"。

倭马亚王朝对内统治残暴，不得人心，750 年被阿布·阿拔斯（自称先知叔父的后代）推翻。从此，阿拉伯帝国进入"阿拔斯王朝"。

新王朝建立不久，就从叙利亚的大马士革迁都到伊拉克的巴格达。在两河流域——美索不达米亚文明的发源地，巴格达再一次成为国际大都市，与当时唐朝的长安、拜占庭的君士坦丁堡齐名。而哈伦·赖世德在位时，帝国达到鼎盛。

"正直"的"波斯王子"

哈伦·赖世德 764 年出生在已经属于阿拉伯帝国版图的波斯地区，从小就寄养在波斯贵族家中。他文武双全，18 岁时就率军打败拜占庭，直逼君士坦丁堡，摄政女皇伊琳娜只得乞降纳贡。为了奖励哈伦的军功，父亲（第三任哈里发）给他赐名"赖世德"，意思是"正直者"。

786 年，兄长去世以后，哈伦·赖世德继位为第五任哈里发。他不负众望，采取宽容的态度，不以民族区分贵贱。除了宗教和语言上，阿拉伯人还具有传统优势，帝国的其他方面都吸收了被征服地区的文化，任用许多波斯官员，扩大了统治基础。

哈伦·赖世德与拜占庭军队作战

远交近攻

国家的发展当然离不开良好的外部环境。那时候地中海沿岸四国争霸。阿拉伯帝国一直想突破拜占庭进入欧洲腹地，倭马亚家族在西班牙建立的"后倭马亚王朝"也是帝国的疥癣之患。秉承"敌人的敌人就是朋友"的原则，哈伦·赖世德最终和法兰克王国的查理大帝结盟，通过外交手段，给自己的国家争取了相对安定的外部环境。

《一千零一夜》的主角

809 年，哈伦·赖世德在行军途中去世。生前他将帝国平分给两个儿子，结果导致了内战，赢家是次子马蒙。他开展了"百年翻译运动"，还修建了宏大的学术中心"智慧宫"，让湮没已久的古希腊典籍重见天日，阿拉伯文化因此如日中天。然而，宫廷的铺张浪费越来越严重，各种社会矛盾也越来越尖锐，帝国渐渐"亢龙有悔"、由盛转衰。

哈伦·赖世德对宗教的宽容、对文艺的支持，促进了阿拉伯帝国境内各民族文化的融合。这不仅在当时使大批诗人、学者、艺术家汇聚于首都，也打开了后世民间故事的想象空间。

《一千零一夜》是讲述阿拉伯民间故事的文学著作，里面的人物，比如阿里巴巴、辛巴达、阿拉丁，在中国也都家喻户晓。然而，除了这些光怪陆离的传说，里面还有不少反映历史事实的篇章，《哈伦·赖世德与年轻的贝都因女奴》等就以他为男主角。

tips　哈里发是伊斯兰教先知穆罕默德的"继承人"，即政教合一的领袖，地位等同于中国的皇帝。随着阿拉伯帝国逐渐瓦解，哈里发后来只有教权，世俗政治军事的领导被称作"埃米尔"。

威廉一世

从法国公爵到英王的北欧后裔

别名：
"征服者"威廉

出生日期：
约 1028 年

逝世日期：
1087 年

国籍：
英国

民族：
诺曼人（维京后裔）

主要成就：
征服英格兰，即位为英格兰国王；颁布《末日审判书》，加强中央集权，进行土地和军事改革。

法国北部的诺曼底被中国人熟知，是因为"二战"时，盟军在这里开辟了对德第二战场。这片土地上，却诞生了被称作英国"开国元勋"的北欧人后裔——"征服者"威廉。

私生子威廉

793 年，北欧斯堪的纳维亚半岛的维京人（海盗）开始冲向欧洲腹地，掠夺财富，其中的一支在诺曼底定居。

因为维京人强悍的战斗力，法国国王只能妥协，承认这群人对诺曼底的占领，因此他们之后被称为诺曼人，建立了诺曼底公国。而诺

威廉被暗杀

曼人也宣誓向法国国王效忠，皈依基督教。

威廉是诺曼底公爵的非婚生子，但因为是唯一男嗣，所以被赋予继承人的身份，只不过他的贵族亲戚都觊觎爵位，想除之而后快。

1035 年，诺曼底公爵罗贝尔一世在去耶路撒冷朝圣的归途中去世，8 岁的威廉继承了父亲的领地。

威廉有一次离死亡咫尺之遥。杀手找错了人，刺中了睡在他旁边的孩子，他的监护人和老师也都一个个被暗杀了。在这种极端环境下长大，造就了威廉冷酷凶残的性格。

"征服者"威廉

1047 年，在法国国王的支持下，20 岁的威廉于瓦莱杜尼战役中击败了叛乱的贵族。战场上，他面对溃不成军的对手，依旧穷追不舍，一场战争演变成单方面的屠杀。然后，他巧妙运用南部曼恩伯国和布列塔尼公国的内部矛盾，渔翁得利，吞并了它们。

在法国站稳脚跟后，威廉将征服的目光扫向了海峡对岸的英格兰。

英格兰国王"忏悔者"爱德华膝下无子，曾在威廉来访时答应，未来将王位让给这位亲戚。而当时英格兰最富有的大贵族哈罗德（他父亲是著名的权臣，姐妹是爱德华的王后）陷入困境时曾被威廉所救，他为了脱身，答应支持威廉继承英格兰王位。但是爱德华死后，哈罗德通过英格兰议会搞了一场贵族选举，坐上了王位。这让威廉怒不可遏，决定率领诺曼人渡海远征，要回属于自己的遗产。

威廉在取得罗马教皇亚历山大二世支持后，占据了舆论制高点。由于天气恶劣，他迟迟无法出征，却因祸得福。本来哈罗德在英格兰南部严阵以待，没想到挪威国王"无情者"哈拉尔三世（被

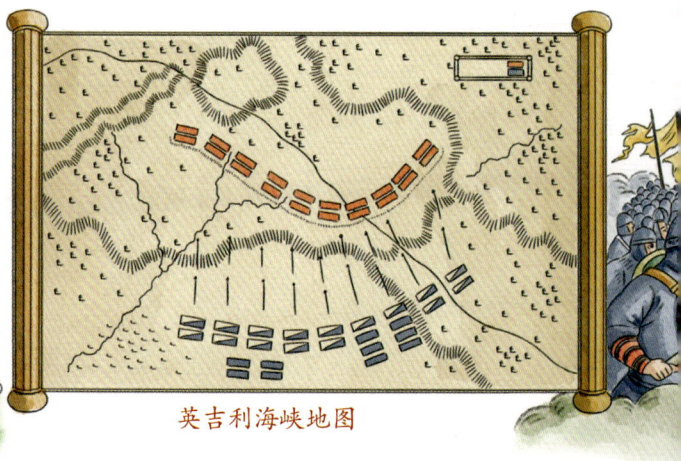

英吉利海峡地图

72

誉为"最后的维京人"，和爱德华也有血缘关系）同样觊觎王位，先一步来到英格兰。哈罗德急忙将军队派往北部，与挪威国王激战，虽然最后取胜，但元气大伤。

1066年9月，英吉利海峡的风向变了，威廉趁着天时人和，迅速乘船抵达英格兰，在黑斯廷斯战役中彻底击败并杀死哈罗德，成功当上了英格兰国王。

《末日审判书》

威廉将随他出征的诺曼骑士们封为男爵，负责镇守这片新占领的土地。然而，同时统治英法两块领地、跨越海峡调兵需要大量经费，威廉决定把英格兰作为"试验品"。

税吏在英格兰全境调查

称王20年后，威廉对英格兰全境不分贵贱（甚至包括教会）都进行了"普查"，登记了人口、土地、生产工具、牲畜的数量和价钱，追讨欠税。这份清查报告相当详尽、严苛，所以被大家称为《末日审判书》。

建立中央集权政府

1087年，由于与法国国王腓力一世的领土纠纷，威廉又开始了战斗，胜利在望时，却意外坠马身亡。

英格兰除了早年被罗马征服的那段时间，还没有出现过统一的中央集权政府，威廉的到来彻底改变了这种状况。幸存的旧贵族只占有微不足道的财富，再也无力像法国、德意志那样产生跟国王对抗的大贵族。

远悬在外的英格兰本来只与血脉相连的北欧来往密切，吸收了欧洲大陆先进的行政管理经验后，也逐渐加深了与那里的联系，开始了对外扩张之路。英语中有不少词汇来自法语，这种文化融通的趋势，就是从威廉征服英格兰开始的。

萨拉丁

- 出生日期：
1137 年

- 逝世日期：
1193 年

- 主要成就：
抗击十字军运动，夺
回耶路撒冷；建立埃
及阿尤布王朝。

萨拉丁，一个被阿拉伯人和埃及人誉为"民族英雄"的人；一个被对手尊敬，直呼他拥有骑士精神的人；一个被现代埃及和伊拉克前领导人奉为偶像的人。

入主埃及

10 世纪以后，阿拉伯帝国已经奄奄一息，诸侯林立，哈里发所能控制的地区仅限于巴格达周边。中亚塞尔柱突厥人的

74

萨拉丁带 1000 士兵苦守亚历山大

崛起暂时缓解了巴格达以东的乱局，但是西边拜占庭帝国的威胁与日俱增，最让穆斯林失望的是，他们心中的"第三圣城"（仅次于麦加和麦地那）耶路撒冷居然被信奉基督教的十字军给占领了，而一盘散沙的他们毫无办法。

萨拉丁·阿尤布·本并不是伊斯兰教领袖，他当时只是赞吉王朝的将领，父亲是库尔德人。赞吉王朝控制着今天的叙利亚和伊拉克北部，毗邻十字军建立的基督教诸王国，经常受到骚扰，于是想将埃及收入囊中，这样就可以对十字军形成东西夹击之势。萨拉丁抓住了机会，凭借卓越的军事才能和异于常人的坚定信念，逐一击败了埃及法蒂玛王朝支持者、耶路撒冷和拜占庭的军队，成了埃及的实际统治者。

1171 年，只有 34 岁的萨拉丁通过改组禁卫军、对亲信实施军事分封制、开设宗教学院等措施，终于使自己所在的逊尼派取代原先处于上风的什叶派，在埃及占据主导地位，稳固了统治。

解决完内部问题，萨拉丁便不再听命于赞吉王朝。3 年后，赞吉王朝新王年幼，无力掌控国家，萨拉丁被迎回来主持大局。他恩威并施，开启了横跨亚非，占有埃及、叙利亚、伊拉克北部的阿尤布王朝。

收复圣城

萨拉丁已经完成了对耶路撒冷北、东、南的三面包围。1187 年，面对十字军"作死"一般的挑衅，他顺应所有穆斯林的愿望，组建了 2 万阿拉伯联军，对抗耶路撒冷的十字军运动。

萨拉丁率军进入耶路撒冷

75

萨拉丁知道，自己的轻装骑兵在面对坚固城堡和十字军重装骑兵时处于劣势，因此采取声东击西、引蛇出洞的办法，将十字军"钓"了出来，在哈丁围歼了几乎全部耶路撒冷的十字军。同年9月，萨拉丁在围攻13天后，收复了被十字军占领88年的圣城耶路撒冷。

抵御十字军运动

　　基督徒也将耶路撒冷视为圣城，肯定不能忍受它被夺走，罗马教皇乌尔班三世听说了此事，心脏病发作去世。于是，神圣罗马帝国皇帝"红胡子"腓特烈一世、英格兰国王"狮心王"理查一世、法兰西国王腓力二世带领十字军，发动了第三次东征。"狮心王"尤其骁勇善战，多次击败萨拉丁，导致他只能退守耶路撒冷，双方陷入僵持。理查一世由于国内局势动荡，没有条件再耗下去，不得不主动签署《拉姆莱和约》。至此，萨拉丁牢牢握住了胜利果实。

骑士精神

　　基督教和伊斯兰教长期处于敌对状态，在由基督教掌控的地方，通常不会容忍伊斯兰教传播。1099年占领耶路撒冷时，十字军就屠杀了城中的7万穆斯林。就在耶路撒冷居民以为城破之日就是自己死期的时候，萨拉丁并没有以牙还牙，而是按照受降时订立的协议，让人们用钱来换取自由，而且直接免收穷人的赎金。

　　不仅如此，萨拉丁并未拆毁基督教建筑，还允许基督教和犹太教信徒来耶路撒冷朝圣、传教。这种骑士精神——英勇、怜悯、公正、荣誉、牺牲、诚实——被幸存者在欧洲广为宣扬，他因此在基督教世界里得到了难得的尊重和敬仰。

理查一世和萨拉丁签订和约

毕生西征的蒙古猛人

孛儿只斤·旭烈兀

别名：
旭烈、吁里兀

出生日期：
1217 年

逝世日期：
1265 年

民族：
蒙古族

主要成就：
征服西南亚，建立伊利汗国，灭阿拉伯帝国。

13 世纪伊始，一股"蒙古风"席卷了欧亚大陆。他们攻无不克、战无不胜，成吉思汗、窝阔台、蒙哥、忽必烈更是在中国的历史典籍和武侠小说中频繁出现。以成吉思汗为首的孛儿只斤氏，更是被称为"黄金家族"，其中有个人叫旭烈兀，影响远及西亚和欧洲。

助蒙哥登汗位

孛儿只斤·旭烈兀生于 1217 年，是成吉思汗第四子拖雷的第六子，因为拖雷的第二、三、五子早逝，所以他排行第三，还有同母的长兄蒙哥、二兄忽必烈、四弟阿里不哥。18 岁时，旭烈兀就跟随堂兄拔都（成吉思汗长子术赤的儿子）进行蒙古帝国第二次西征，打败了匈牙利国王，

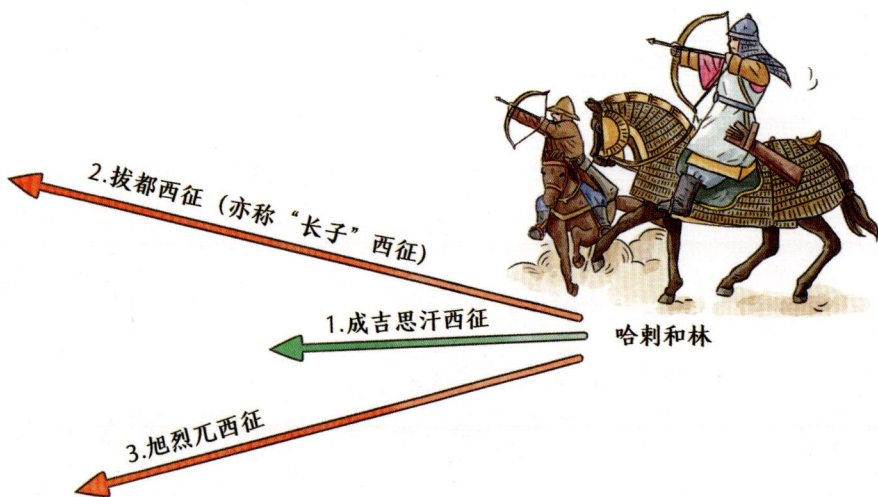

2. 拔都西征（亦称"长子"西征）

1. 成吉思汗西征

3. 旭烈兀西征

哈剌和林

积攒了实战经验和政治资本。第二任大汗窝阔台的死，打断了这次西征。最终，旭烈兀联合拔都等宗王支持自己的长兄蒙哥，使蒙哥最终在 1251 年夺取大汗之位。

旭烈兀的西进之路

向西，再向西

蒙哥坐稳汗位之后，继续蒙古帝国的扩张事业，一面命忽必烈准备攻打南宋，一面让旭烈兀继续西征。

1252 年，旭烈兀碰上了第一个对手木刺夷国（位于现在的伊朗），这是个在伊斯兰世界里也被看作异端的刺客之国，以暗杀作为实现政治军事目标的手段。攻灭它之后，旭烈兀从国王到百姓都不放过，将其屠戮殆尽。

紧接着，旭烈兀将矛头指向阿拔斯王朝的"心脏"巴格达。1258 年，几次劝降无效后，他直接攻破了巴格达，并进行了超过一个星期的屠城，就连末代哈里发也被马踏死，

有 600 多年历史的阿拉伯帝国正式宣告灭亡。

阿拔斯王朝的灭亡震惊了整个伊斯兰世界，前两次西征，整个中亚和东欧无人能阻挡蒙古铁骑，这次西亚诸国也都被阴云笼罩。1259 年，旭烈兀率领 10 万大军进攻叙利亚的阿尤布王朝，不到五个月就拿下了北方重镇阿勒颇，通往首都大马士革的路上，城镇纷纷望风而降。1269 年 3 月 1 日，旭烈兀的先锋部队进入大马士革受降，立国近百年的阿尤布王朝宣告灭亡。至此，西亚的核心地区尽归旭烈兀所有。

戛然而止的西征

旭烈兀本来打算继续攻下埃及，但是闻知蒙哥死于四川钓鱼城下后，停止了进攻的步伐，蒙古第三次（也是最后一次）西征落下了帷幕。旭烈兀留在位于占领区中心的波斯，并未继续东行去争夺汗位。他审时度势，选择支持忽必烈。最终，忽必烈在与阿里不哥的夺位之争中获胜。他投桃报李，封旭烈兀为伊尔汗，伊尔汗国正式形成，同金帐（钦察）汗国、察合台汗国、窝阔台汗国并称"蒙古四大汗国"。

旭烈兀静观局势变化

连接东西方的汗国

伊尔汗国统治着从元朝到西亚的商路，也就是"丝绸之路"。由于旭烈兀与忽必烈血缘亲密，政治利益相符，伊尔汗国同元朝一直保持着友好关系。受母亲和妻子信仰基督教的影响，也为了避免遭到西北方基督教国家和西南方伊斯兰教国家夹击，旭烈兀采取亲基督教、压制伊斯兰教的政策。这让欧洲人改变了敌视蒙古人的态度，与伊尔汗国建立了友好关系。这些让伊尔汗国成为东西方之间的良好中介。

旭烈兀接见罗马教皇来使

李祹

别名：
海东尧舜、世宗大王

出生日期：
1397年（明洪武三十年）

逝世日期：
1450年（明景泰元年）

谥号：
英文睿武仁圣明孝大王（朝鲜上谥）；庄宪（明朝赐谥）

庙号：
世宗

所处时代：
朝鲜王朝

主要成就：
发明训民正音，设置四郡六镇，鼓励科学技术。

提到朝鲜，我们在历史课本上好像并没看到它有多少军事征服行动。即使将目光缩小到东亚，也没有出过朝鲜半岛这个"圈"。而且很长时间内，朝鲜都依附于中原王朝。难道朝鲜就没出现过汉武帝、唐太宗、明成祖一样的千古帝王吗？

说起来，还真有一位被现代韩国人无限推崇敬仰的君主——世宗大王李祹。10000韩元纸币正面的图案，就是李祹的头像。韩国的南极科考站也被命名为"世宗王站"。

受禅继位

经历了近 1000 年的高句丽、百济、新罗 "前三国" 和新罗、后百济、泰封 "后三国" 时代，朝鲜半岛上终于出现了统一王朝——高丽。

但是近 500 年后，垂垂老矣的高丽王朝由于领土等方面的纠纷，居然派兵攻打如日中天的明朝。领兵的大将李成桂觉得这么干不靠谱，三番五次要求撤退，"挟天子以令诸侯" 的权臣却不同意。李成桂索性把高丽国王赶了下去，还改了国号。因为姓李，他的王朝也叫李氏朝鲜。

李裪是李成桂的孙辈，他的父亲太宗李芳远通过两次政变坐上了王位。1418 年，李裪受禅登基。此时的朝鲜经过建国初期的混乱，已经逐渐平稳，进入守成阶段，而李裪也不负众望，开创了盛世。

南服倭寇，北击女真

李裪继位之初，为解决对马海峡倭寇的不断侵扰，派兵攻打海峡之中的倭寇据点对马岛，历经苦战，打死几百名倭寇，救回了上百名被倭寇抓走的明朝和朝鲜百姓，史称 "己亥东征"。这是朝鲜历史上唯一一次主动向日本发起军事反击，暂时平息了倭患。对马岛主宗氏投降，并与朝鲜签订《癸亥条约》，承诺控制倭寇不再侵扰朝鲜，以换取朝鲜和日本之间贸易的垄断权。

朝鲜向明朝称臣

与子孙们被后来的清朝打败不同，李裪在位期间对北方的建州女真部落（清朝皇室的祖先）用兵，在新拿下的领土上设立 "东北六镇"，图们江因此成为中朝两国东段的界河。

创造朝鲜文字

李裪继位之前，朝鲜虽然有自己的语言，却没有正式的文字。李裪觉得作为一个国家一个民族，必须有自己的文字，于是集合学者创制 "谚文"，于 1446 年颁布了《训民正音》，是现代朝鲜语的前身。

训民正音

"谚文"学习起来相当方便，百姓终于有了读书写字的机会，不再是"睁眼瞎"了。可惜由于士大夫的抵制，"谚文"的地位一直低于汉字，甲午战争（日本取代中国成为朝鲜的宗主国）之前，汉字一直是朝鲜的官方文字。可以说，现在不学习汉字的朝鲜和韩国人，即使翻阅古籍，也看不懂自己的历史。

儒学治国

李祹在位时，在经济、军事、天文、教育、科技、历法等方面都有建树，朝鲜的科教文卫事业稳步发展。

但是我们看，当时朝鲜的服饰几乎与宗主国明朝的如出一辙。翻译成"谚文"的第一部典籍也是中国的"四书"。虽说现在韩国人一直在否定中国文化的影响，但是不可否认，被他们尊崇的世宗大王李祹照样依靠中国的儒学治国，这也是汉文化的魅力所在。

tips

"四书五经"：泛指中国儒家经典著作。"四书"指《大学》《中庸》《论语》《孟子》，建立了儒学的基本思想体系；"五经"指《诗经》《尚书》《礼记》《易经》《春秋》。

为何朝鲜国君不称皇帝？

作为明朝和清朝的藩属国，朝鲜国君没有资格称皇帝，只能称王，而且要被宗主国册封才可以。他的正妻生前叫王妃，去世以后的谥号才能称王后；继承人不叫太子叫世子，都比皇帝低一级。

穆罕默德·杜尔

- 出生日期：
1443 年
- 逝世日期：
1538 年
- 所处时代：
桑海帝国时期
- 主要成就：
建立阿斯基亚
王朝

在古代，由于航海技术的落后和地理条件的影响，撒哈拉沙漠以南的非洲似乎与世隔绝。无论是罗马人和迦太基人的地中海争霸，还是伊斯兰教和基督教的较量，似乎都在北非就戛然而止了。然而随着一系列考古发现，人们惊觉，西非某些帝国的文明程度相当出色，尤其是桑海。它的建立者号称穆罕默德·杜尔大帝。

跨越撒哈拉沙漠的骆驼商队

阿拉伯人记录下的西非

撒哈拉沙漠原本是一片水草丰美的人间天堂，但是随着气候变化，从公元前 2500 年开始，撒哈拉逐渐变成了全世界最大的沙漠。因为它的阻隔和混乱的王朝更替，我们对撒哈拉以南的非洲知之甚少。但是，7 世纪时兴起的阿拉伯人为了财富，不惜铤而走险，在沙漠中摸索出一条路，直通非洲中南部。

阿拉伯人的描绘让我们发现，西非竟然有如此富裕、繁荣的帝国，甚至不输同时期的欧洲，一改对近现代非洲落后、混乱的印象。这片大陆后来的惨淡局面，和殖民者的破坏有直接关系。

西非几个帝国的繁荣，都依靠跨越撒哈拉沙漠的这条商路。谁控制了它，谁就能够成为霸主。

取代马里帝国

桑海人在 7 世纪就建立了桑海王国，它先后臣服于加纳帝国和马里帝国。马里帝国靠黄金闻名于伊斯兰世界，国王曼萨·穆萨去麦加朝圣的时候，在埃及开罗不停地买东西和施舍，当地黄金都因此贬值。马里帝国强盛时期，桑海不得已将首都加奥拱手奉上，王国整体却依然保持独立。曼萨·穆萨死后，马里帝国的统治者软弱无能，周围的各个王国或部落都开始虎视眈眈，包括桑海。

15 世纪 60 年代末，一代名君桑尼·阿里攻下了经济重镇和文化中心廷巴克图，这标志着马里帝国灭亡。带领桑海王国走向巅峰的，却是另一位统治者。

曼萨·穆萨在埃及挥金如土

所有黑人的哈里发

桑尼·阿里 1492 年去世，王位由儿子继承。然而不到一年，手握大权的将领穆罕默德·杜尔就把桑尼·阿里的家族赶下了台。

穆罕默德·杜尔一改马里帝国和桑海之前国王制定的义务兵役制（也就是说，全民皆兵，这样虽然可以在战斗人数上占据优势，但是兵源素质一般，还会影响粮食生产），建立了骑兵和舰队等常备军，各兵种互相配合，横行于尼日尔河流域。最终，桑海成为西非历史上最广袤、最强大的帝国，疆域南抵尼日尔河河曲、西至塞内加尔河上游。

穆罕默德·杜尔去麦加朝圣

桑尼·阿里统治时期，桑海仍然崇尚万物有灵，类似原始多神教，不重视伊斯兰教，这对跨越撒哈拉的贸易有所影响。他在征服廷巴克图时，对待反对派手段也相当残酷，因此招来了穆斯林学者的憎恶。

穆罕默德·杜尔将伊斯兰教确立为国教，使廷巴克图这个跨越撒哈拉路线上的中转城市成为当时伊斯兰世界的文化中心之一。他去麦加朝圣时，还恳请埃及的哈里发承认他为所有黑人的哈里发，确立了自己政教合一的统治地位。穆罕默德·杜尔还逐渐取消了原来各个部落的自治，派自己的亲信去当总督，镇守地方。

穆罕默德·杜尔功业累累，所以被后人冠上了"大帝"头衔。

---

tips 奴隶贸易

依靠跨撒哈拉的骆驼商队，西非的黄金、盐和象牙这些"土特产"源源不断地输送到北非、阿拉伯半岛等地，给各个帝国带来了数不尽的财富。然而贸易当中还有一种重要商品——奴隶。奴隶不仅充当底层劳动力，支撑起了各个帝国，统治者还可以通过贩卖他们来营利。15世纪殖民者介入以后，奴隶贸易的规模越来越大，涉及欧、美、非三大洲，给黑人带来了数不尽的苦难。

伊莎贝拉一世

- 出生日期：
1451 年

- 逝世日期：
1504 年

- 国籍：
西班牙

- 民族：
卡斯蒂利亚人

- 主要成就：
资助哥伦布航行、
设立宗教裁判所。

原本无缘宝座的女王，成就了后来的西班牙帝国。没有她，就不会有现代西班牙的版图，就不会有"收复失地运动"的成功，就不会有哥伦布发现新大陆。在位的 30 年里，她是怎么做到的呢？

逆境中夺得王位

当时的伊比利亚半岛主要由四个王国组成：信仰天主教的葡萄牙、卡斯蒂利亚、阿拉贡和信仰伊斯兰教的格拉纳达，其中最有实力的就是卡斯蒂利亚。

伊莎贝拉就出生在卡斯蒂利亚王室。她是老国王胡安二世第二位妻子的孩子，有个亲弟弟阿方索，而她父亲还有个嫡长子恩里克。也就是说，伊莎贝拉是第三顺位继承人，基本与王位无缘。

胡安二世死后，恩里克继承了王位。他并不喜欢伊莎贝拉姐弟，不但抢走了父亲留给母女三人的财产，还把她们放逐到郊区，派重兵看守。伊莎贝拉的母亲接受不了现实的落差，逐渐疯癫，年幼的伊莎贝拉肩负起了照顾母亲和弟弟的重任。

恩里克懦弱无能，不但治国无方，还一直没有子嗣。王后偶然生下了一个女婴，也被质疑为私生子。蠢蠢欲动的贵族们就想拥立阿方索为王储，因为这对姐弟看起来显然更好控制。不巧的是，阿方索突然暴亡，贵族们又以恩里克的女儿血缘不明为由，转而拥戴伊莎贝拉。

被推上风口浪尖的伊莎贝拉并没有丧失冷静，她知道若跟随这些贵族，自己也仅仅是傀儡。因此，她和恩里克达成协议：支持恩里克，但必须立她为王储。恩里克度过这次危机后，想反悔，改立自己的女儿，可惜没做到就离世了。1474 年，伊莎贝拉为了避免夜长梦多，在恩里克去世两天后，赶紧加冕为王。

西班牙趋于统一

天主教双王共治

恩里克当时为了让自己的女儿继位，千方百计想把伊莎贝拉远嫁国外。伊莎贝拉知道，这样下去自己将变成恩里克政治联姻的牺牲品，就跟邻国阿拉贡的王储斐迪南秘密结婚。伊莎贝拉成为卡斯蒂利亚女王以后，斐迪南也成为阿拉贡国王，两人约定互为对方国家名义上的君主，一同掌权。

葡萄牙决定出兵帮助恩里克的女儿夺回王位，卡斯蒂利亚内战爆发。鏖战四年多，斐迪南放弃了与北方法国的争端领土，换来法国放弃支持葡萄牙，内战最终以伊莎贝拉一方胜利告终。

自从伊比利亚半岛被阿拉伯人占领，西班牙人就开始了"收复失地运动"。到那时，格拉纳达已经不成气候，伊莎贝拉经过十年战争，终于让整个伊比利亚半岛全部重回天主教"怀抱"。

虽然当时没能正式合并，但在伊莎贝拉外孙掌权后，卡、阿两国融为一体，形成了如今西班牙的版图。因此可以说，伊莎贝拉是西班牙王国的奠基人。

资助哥伦布

　　当时有位航海家哥伦布，提出了向西航行、去传说中"遍地黄金"的东方发财的想法，却屡遭葡萄牙、英格兰王室贵族拒绝。最后他来到伊莎贝拉这里。

　　当时葡萄牙已经垄断了经印度洋通往东方的航线，哥伦布向西开拓的主张正合伊莎贝拉心意。征服格拉纳达王国后，她立刻资助哥伦布远航。就这样，原本以为成功到达东方的哥伦布，意外地跨越大西洋，发现了"新大陆"美洲。正是伊莎贝拉的这次"押宝"投资，开启了西班牙成为第一个"日不落帝国"的征程。

女王面前的哥伦布

宗教裁判所

　　伊莎贝拉是狂热的天主教徒，也需要用统一的宗教加强她的专制统治，于是西班牙"升级版"的宗教裁判所应运而生。伊莎贝拉疯狂迫害不肯改信天主教的犹太教徒和穆斯林，有时甚至处以火刑，还剥夺这些人的全部财产，以解决多年内战和外战导致的财政问题。哪怕他们改信了天主教，照样会面临她的监视、打压、侵吞财产等。这导致犹太人和穆斯林纷纷逃往北非等地，造成了人才流失。历时300多年的西班牙宗教裁判所，是伊莎贝拉一生中最大的污点。

异端审判

查理五世

守护欧洲的『日不落帝国』缔造者

出生日期：
1643 年

逝世日期：
1690 年

国籍：
罗马帝国

民族：
法兰西

主要头衔：
哈布斯堡帝国元帅，
洛林和巴尔公爵。

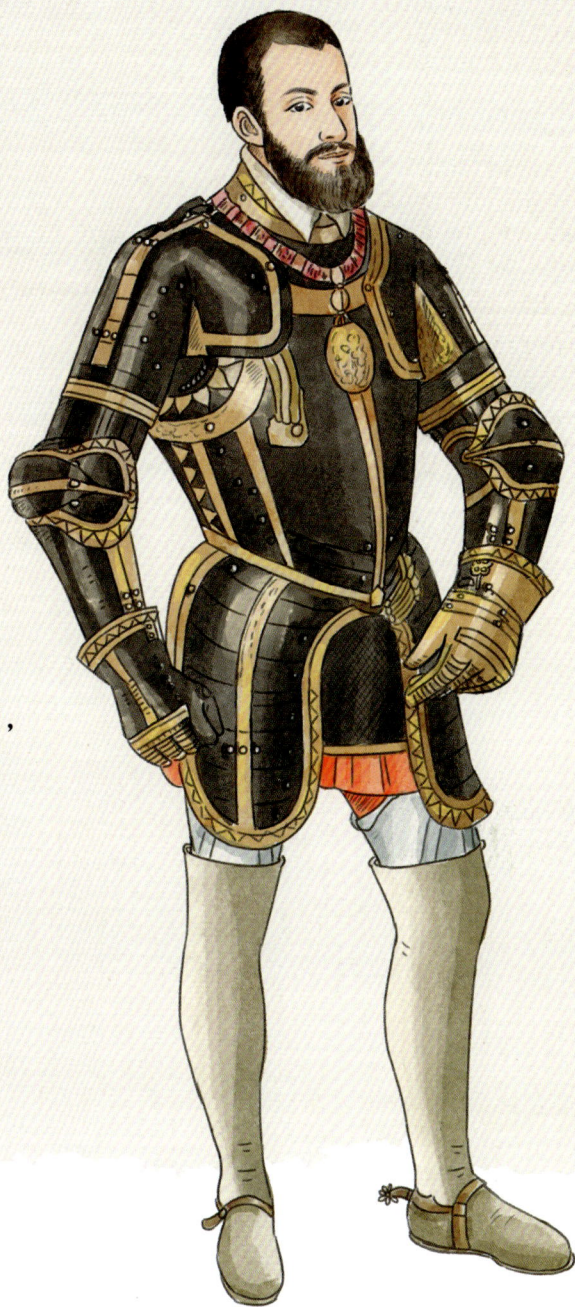

16 世纪，是航海大发现的时代，脱离黑暗中世纪的欧洲即将冉冉升起。这也是伊斯兰文明的又一个鼎盛时代。两大文明的激烈碰撞中，当时欧洲最强的君主查理五世凭借多个国王或领主头衔和雄厚实力，充当基督教文明的守护者。

矛盾的"天选之子"

"含着金汤匙出生"这个比喻，形容人出身显赫，查理五世就是这样的"天选之子"。当时哈布斯堡家族通过联姻，成为西欧许多国家的君主或掌权者。查理五世的父亲是奥地利大公，母亲是卡斯蒂利亚女王，爷爷是神圣罗马帝国[1]皇帝，奶奶是勃艮第女公爵，老师是日后的教皇哈德良六世。所以，他先后继承了西班牙国王、神圣罗马帝国皇帝之位。

89

"成也萧何、败也萧何"，正是不断联姻的尊贵血统，给查理五世的继位惹了不少麻烦。他父亲是奥地利哈布斯堡家族成员，他却不是纯粹的奥地利人，因为他的母亲是西班牙人。而在西班牙人看来，他同样是外人。他出生在如今的比利时境内，官方语言是法语，法国却是他一生的劲敌。

然而，查理五世凭借过人的政治手腕顺利解决了问题。他对西班牙贵族虚与委蛇，让他们放下戒备，1516 年成功登上了西班牙王位[2]。接着他又通过贿选等方法，击败法王，成为神圣罗马帝国皇帝。

争夺欧洲霸权

之前提到，让西班牙正式统一的正是伊莎贝拉一世的外孙查理五世。他继承的西班牙可不仅仅是卡斯蒂利亚和阿拉贡，还包括那不勒斯、西西里、撒丁等意大利地区。成为神圣罗马帝国皇帝以后，查理五世所辖领土已经超越了之前的"欧洲之父"查理大帝。此时，欧洲大陆的传统强国法国被查理五世的领土包围了，也许是为了报神圣罗马帝国皇位落选的仇，双方不断发生战争。

从 1521 年到 1551 年，查理五世与两任法王总共爆发了四次战争。虽然有一次，查理五世已经把法王弗朗索瓦俘虏，但双方争夺的欧洲霸权并未实质倾向于任何一方。

欧洲的守护者

13 世纪末，阿拉伯半岛最后一块基督教势力也被清除。信仰伊斯兰教的奥斯曼帝国不断崛起，在它面前，东欧强国匈牙利已经沦陷，奥地利的维也纳也被团团围困，这带给了欧洲人极大的恐慌，似乎基督教世界就要遭受灭顶之灾。

虽然查理五世以西班牙为重，但身为奥地利哈布斯堡家族成员，他自然不能坐视不管，何况奥斯曼帝国的苏莱曼一世拥有地中海制海权，也深深影响了查理五世的现实利益。

从 1526 年开始，中世纪的两个强者开始了无休止的战争。查理五世扼制了苏莱曼在中欧的扩张。在地中海，苏莱曼也止步于希腊半岛，没能染指意大利领土。有法

法国已经被查理五世的领土包围起来

王掣肘的情况下，查理五世依旧守护了欧洲，使其都处于基督教信仰之下，因此被称为"上帝的封臣"。

在奥地利和希腊阻挡了奥斯曼帝国的入侵

殖民带来的财富

自从哥伦布发现新大陆，西班牙开始对外殖民，击败了土生土长的阿兹特克帝国和印加帝国。西班牙在美洲的殖民地从最初的加勒比海群岛，扩张到南美洲阿根廷至北美洲加利福尼亚的广阔疆域。靠着贩卖奴隶、掠夺矿产、以种植园形式生产经济作物等，美洲为西班牙提供了源源不断的黄金、香料等巨大财富，据说当时世界上83%的金银都归西班牙王国掌控。

麦哲伦在葡萄牙国王那里碰壁后，得到了查理五世的欣赏，在1519年开启了人类历史上第一次环球航行。这次航行使西班牙的殖民触角伸向了菲律宾等东南亚地区，属地遍布欧、美、亚、非四大洲。西班牙成为世界上第一个"日不落帝国"，在它的领土上，太阳任何时候都不会彻底落山。

[1] 神圣罗马帝国：以现今的德国和奥地利为主体的国家，地跨西欧和中欧。起初是封建君主制国家，后来变成了由百余个小诸侯国组成的政治联盟。查理五世时期，皇帝需要由七大选帝侯选举产生。

[2] 在西班牙，查理五世被称为卡洛斯一世。

征服美洲土著

91

阿塔瓦尔帕

出生日期：
约 1500 年

逝世日期：
1533 年

国籍：
印加帝国

民族：
印第安人

印加人的城市

在美洲，先后出现了三个主要文明：玛雅、印加、阿兹特克。其中，印加帝国位于南美洲安第斯山脉以西的狭长地带。它正处于扩张的过程中，新皇帝正要施展拳脚之时，西班牙殖民者的到来，使这个帝国的历史戛然而止。

"偏科" 的石器文明

美洲大陆因为西有太平洋、东有大西洋，几千年来一直与世隔绝。经过欧、亚、非文明的激烈碰撞，军事上逐渐向热兵器迈进。而美洲甚至还处于石器时代，从擅长天文、历法、数学的玛雅到印加，甚至在某些方面出现了文明倒退的迹象。

通常来讲，"文明"必须具备文字、青铜器、城市三要素之一。印加人并没有文字和青铜器，早期城市也所存不多。直到 16 世纪，印加人都没能发明车轮，也没有条件驯化牛、马、驴等牲畜，农耕文明发展得一直不算快。

印加内乱

印加人的祖先很早就生活在美洲大陆，自 14 世纪末起，从秘鲁南部开始扩张。印加皇帝（称号是萨帕·印卡）自诩太阳神的子孙，为了保持血统纯粹，他们通常近亲通婚，甚至迎娶自己的亲姐妹，血缘关系越近，生出的孩子继承权就越稳固。

到了皇帝瓦伊纳·卡帕克时期，印加帝国已经进入全盛。瓦伊纳·卡帕克的正统继承人是与妹妹的孩子瓦斯卡尔，他却更喜欢与新征服的基多国王女儿所生的阿塔瓦尔帕，在出去打仗时，也将阿塔瓦尔帕带在身边。

最后，老皇帝居然决定将印加帝国一分为二，北边归阿塔瓦尔帕，而南边归瓦斯卡尔。这自然引发了同父异母兄弟的内战。

直到 1532 年，阿塔瓦尔帕取得了胜利。这场战争非常血腥，他在屠城时甚至连孩子都不放过。本以为可以过"好日子"的阿塔瓦尔帕，却迎来了更可怕的对手——西班牙人。

被区区百人征服的帝国

1532 年，皮萨罗带着西班牙国王查理五世的授权和 168 人，再次踏上南美洲。阿塔瓦尔帕对西班牙人更多的是好奇，他觉得这些"奇装异服"的白色人种只有区区 100 多名，和他的 8 万军队相较，没有任何威胁。于是，在皮萨罗保证会面是礼节性的且保证安全的情况下，阿塔瓦尔帕欣然赴约。

皮萨罗在会见地点卡哈马尔卡城的广场上部署了大量伏兵。当阿塔瓦尔帕佩戴着闪闪发光的黄金饰品、坐在黄金打造的轿辇上出现时，随军神父带着《圣经》和十字架，向阿塔瓦尔帕宣讲教义，并让阿塔瓦尔帕和所有印加人都皈依天主教、向教皇称臣。阿塔瓦尔帕感觉受到侮辱，愤怒地将《圣经》摔在地上，这成了西班牙人开战的理由。

一时间，伏兵纷纷冲向阿塔瓦尔帕。虽然西班牙一方只有62名骑兵，所装备的前膛枪既难装填又难发射，但热兵器巨大的声音和"隔空"伤人的能力让印加人惊呆了，他们的石斧和弹弓对西班牙人锋利的长剑和铁制的盔甲无能为力。当西班牙人骑着战马朝着印加人冲来时，他们更是手足无措，甚至可能以为对方是天神下凡。这种"降维打击"，形成了对印加人的单方面屠杀。西班牙人在毫无减员的情况下，杀死了据说7000多名印加人，阿塔瓦尔帕也被俘虏。

皮萨罗继续他的计划，贪婪地索要财富。印加人失去了皇帝的统领，尚未从被西班牙人屠杀的恐惧中回过神来，没有任何反攻和抵抗，乖乖交出了巨额赎金：一屋子黄金。

然而，皮萨罗背信弃义，绞死了可怜无知的阿塔瓦尔帕。这时候印加人才开始反抗，却已经晚了，皮萨罗趁着印加人忙于准备赎金，调来了援军，继续征服。1572年，印加所有抵抗力量都被消灭，正式宣告亡国。

tips 左手枪炮、右手《圣经》

西班牙为何能以悬殊的兵力灭掉拥有千万人口的印加帝国？

首先，与世隔绝的美洲并未经历过欧洲"黑死病"那种强力的病毒洗礼，所以美洲居民面对西班牙人带来的瘟疫，不具备抵抗力，大批大批地死亡。

其次，因为没有车辆和马匹等交通工具，印加帝国对核心区以外领土的统治很薄弱，也存在很多敌视印加的部落，西班牙人正是利用了这些，靠土著反土著，渔翁得利。

最后，西班牙人积极推行思想控制，有时比武力征服还有效。西班牙一直是个狂热信奉天主教的国家，他们对阿塔瓦尔帕宣教，在临刑前逼他放弃太阳神信仰，还给他取了个天主教名字。

阿克巴大帝

媲美阿育王的莫卧儿王朝缔造者

- 别名：
阿克巴尔

- 出生日期：
1542 年

- 逝世日期：
1605 年

- 国籍：
印度

- 民族：
突厥化蒙古人

- 主要成就：
莫卧儿帝国的版图扩张到原来的三倍，建立了莫卧儿帝国多元文化的基础。

印度半岛在古代相对封闭，这里曾涌现出哈拉帕文化、孔雀王朝、笈多王朝、戒日王朝等众多璀璨的文化和强盛的帝国。但是随着 11 世纪中亚的突厥人反复征服北印度，带来了伊斯兰教，这块土地经历了数百年纷乱。直到阿克巴大帝出现，才真正建立了古印度最后一个强盛帝国——莫卧儿王朝。

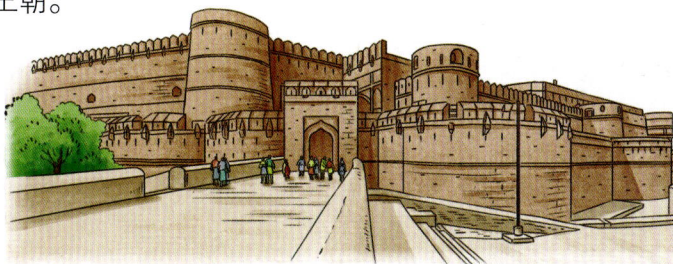

外族进行曲

古印度处于不断被外族入侵和统治的历史进程中，这些外族从雅利安人到希腊人，再从阿拉伯人到突厥人。他们有些只是"匆匆过客"，有些则站稳脚跟并深刻地影响了印度的发展。这种情况导致古印度各地区"聚少离多"，大部分时间都处于分裂状态。12世纪末穆斯林统治开始以来，一直对印度教徒采取高压政策，这也导致德里苏丹国（由来自阿富汗的突厥人和普什图人建立的政权）的统治很不稳固。哪怕后来阿克巴的祖父巴布尔（也来自中亚，是帖木儿王朝后裔）建立了莫卧儿王朝，在他父亲胡马雍的时候也差点亡国。阿克巴究竟是如何力挽狂澜，将莫卧儿王朝拉回正轨的呢？

平内乱，杀权臣

如果你熟悉清圣祖康熙皇帝平三藩、除鳌拜、收台湾、平蒙古的历史，那就非常好理解阿克巴的奋斗史了，因为两人的经历简直如出一辙。阿克巴也被称为大帝，他的雄才大略可以同阿育王相媲美。

骑兵从侧面袭击象兵

因为胡马雍意外从书房楼梯上摔落，伤重而亡，1556 年，13 岁的阿克巴仓促继位。被征服的地方闻知胡马雍的死讯，接连反叛，使刚刚复国的莫卧儿王朝面临再次倾覆的危险。

阿克巴的第一个敌人就是名将希穆，此人信奉印度教，自称"超日王"，不但有 5 万骑兵和 51 门大炮，还有 1000 多头战象。第二次帕尼帕特战役中，在敌众我寡、正面被象兵突破的形势下，阿克巴从侧翼袭击了希穆，并让训练有素的弓箭手一箭将他射下马，最终取胜。危机解除了。

父亲留给阿克巴的辅政大臣拜拉木独揽大权，越来越骄横，是阿克巴亲政的最大障碍。阿克巴不动声色地团结反对拜拉木的人，成功拿下了他，然后予以赦免。1560 年，拜拉木在去麦加朝圣[1]的路上死于刺杀。阿克巴总算可以毫无顾忌地一展拳脚了。

以德服人平半岛

莫卧儿帝国统治阶级是突厥化的蒙古人，他们信奉伊斯兰教，而且很多人都主张打压其他宗教。阿克巴则主张各宗教平等，他微服私访时发现帝国境内针对非穆斯林征收人头税，觉得非常不合理，就宣布废除。他也让印度教徒在政府中任职。这些都得到了人民的支持。对待敌人，只要同意归降的，阿克巴都以礼相待，使这些人对他既敬畏又感激。他亲政以后，相继征服了孟加拉、阿富汗、克什米尔、信德、德干高原等地区，整个印度半岛基本被纳入帝国版图。

赦免投降的印度王公

阿克巴接见女王伊丽莎白一世派来的使者

锐意改革

经济上，阿克巴重新丈量全国土地并分级收税、统一度量衡，促进生产力发展；政治上，莫卧儿帝国实行军事官僚行政体制，所有官员以骑兵换土地，必须履行军务，加强了中央集权；宗教上，采取宽容政策，尤其是打破伊斯兰教传统，迎娶印度教公主为后妃，通过与异族通婚的方式加强了不同族群之间的联系，促进宗教融合。阿克巴统治时期，莫卧儿帝国进入全盛。

[1] 麦加朝圣：麦加是伊斯兰教的第一圣地，所有穆斯林，无论男女，都会尽最大努力争取一生至少前往那里朝圣一次。

从阶下囚逆袭为『荣光女王』

伊丽莎白一世

别名：
童贞女王、荣光女王、
英明女王

出生日期：
1533 年

逝世日期：
1603 年

所属王朝：
都铎王朝

主要成就：
开创英国历史的"黄金时代"，推动英国崛起；保持了英格兰的统一，格拉沃利讷海战击败西班牙"无敌舰队"。

伊丽莎白登上王位

英格兰地处欧洲一隅的海岛，一直是个"小透明"。有谁会想到，它能接过西班牙的大旗，成为世界上第二个"日不落帝国"。这一切都与伊丽莎白一世脱不开干系，她开启了英格兰第一个"黄金时代"。

谨小慎微的童年

1533 年，英王亨利八世和第二位王后安

妮·博林的女儿伊丽莎白降临人世，然而不幸立刻降临到她身上。亨利八世怀疑安妮·博林出轨和使用巫术，伊丽莎白在 3 岁时就失去了母亲，身份也一落千丈，从小公主变成私生女。

伊丽莎白失去了父爱，又被剥夺了继承权，很小就学会了察言观色、谨小慎微，毕竟在险恶的宫廷斗争中，一不小心就可能丢掉性命。她格外聪颖，又用功学习，可以读写英、法、意大利、西班牙、拉丁和希腊六种语言。1547 年，同父异母的爱德华六世继位，姐弟关系还算不错，又都信仰新教[1]，伊丽莎白终于可以稍微放松。

可惜好景不长，6 年后爱德华六世病死，经过一连串激烈交锋，信仰天主教的玛丽（伊丽莎白的大姐，是第一位王后阿拉贡的凯瑟琳所生）登基。玛丽一上台就残酷镇压和迫害新教徒，甚至烧死了 300 多人，因此史称"血腥玛丽"。她对伊丽莎白可能毫无好感，一是由于宗教立场不同，二是她一直认为伊丽莎白的母亲夺走了父王对母亲和自己的爱。1554 年，玛丽以新教贵族叛乱、企图拥立伊丽莎白为借口，将她囚禁在"皇家监狱"伦敦塔。

伊丽莎白本以为必死，局势却柳暗花明。玛丽一直没有孩子，最后不得不立唯一的妹妹为继承人。1558 年，玛丽死后，25 岁的伊丽莎白成为英格兰女王，称伊丽莎白一世。

终身未嫁

伊丽莎白年轻美丽、聪慧博学，再加上女王头衔，自然引来了无数追求者，其中不乏西班牙、神圣罗马帝国、法国、瑞典等王室成员。但是，伊丽莎白终身未婚，声称自己嫁给了英格兰，所以又被称为"童贞女王"。

其实，伊丽莎白不嫁人，是出于政治考量。当时国内天主教和新教的矛盾非常尖锐，女王嫁给任何一个人，都会使力量此消彼长，甚至引起另一方的叛乱，导致战争爆发。女王既不拒绝又不答应国外的追求者，正好以婚姻为筹码，与各国谈条件，为英格兰谋利。从这些方面来看，伊丽莎白确实做到了"嫁"给英格兰。

追求者络绎不绝

扶持海盗、击败西班牙

对一个岛国来说，海军至关重要。伊丽莎白重视海军建设，捉襟见肘的财政却成了困扰她的最大问题。于是，伊丽莎白决定剑走偏锋，公然兜售"私掠特许状"，鼓励海盗劫掠其他国家，尤其是靠"新大陆"黄金起家的西班牙商船。皇家海军也为海盗保驾护航。根据对英格兰的"贡献"，还会赏赐爵位和封地。海盗头子弗朗西斯·德雷克（他是第二位完成环球航行的探险家）就受封海军中将。财富、爵位、土地的三重诱惑，使不少清白人也干起了"打家劫舍"的海盗营生。

发现奴隶贸易的暴利后，伊丽莎白也采取支持态度。为了促进殖民贸易，英格兰开设了一系列贸易垄断公司，作为侵略印度和中国的马前卒，声名狼藉的东印度公司也是在她执政时期成立的。

皇家海军通过贸易不断壮大，终于引起了西班牙的警惕。1588 年，皇家海军联合海盗，在"家门口"的英吉利海峡击败了当时世界第一的西班牙"无敌舰队"，这也成为伊丽莎白执政时皇家海军的高光时刻。

黄金时代

经济上，伊丽莎白重视商业和海外贸易，使英格兰积累了大量财富；政治上，她的宗教宽容缓解了矛盾，变相加强了君主的专制权力；文化上，开明包容的政策使英格兰走向文化高峰，涌现了莎士比亚等文学巨匠。

总之，伊丽莎白使英格兰进入了第一个"黄金时代"，被人尊称为"荣光女王"。

[1] 新教：与天主教、东正教并称基督教三大流派。新教又可以分成路德宗、安立甘宗（英国国教）等许多派系，然而都不承认罗马主教的教皇地位，与天主教呈对抗状态。

皇家海军击败无敌舰队

苏莱曼一世

文治武功的奥斯曼王者

别名：
苏莱曼大帝

出生日期：
1494 年

逝世日期：
1566 年

国籍：
奥斯曼帝国

民族：
土耳其人

主要成就：
占领贝尔格莱德，三次击败匈牙利，深入欧洲腹地；在西亚击败伊朗，兼并高加索地区；吞并北非阿尔及利亚，扩充帝国版图；创建奥斯曼帝国的海军，称霸中东地区。

15 到 19 世纪，横跨亚、欧、非三大洲的奥斯曼帝国从海路和陆路扼守住丝绸之路欧亚之间的要冲，成就了自己的繁华和欧洲的巨变。30 多位苏丹（统治者的头衔，是阿拉伯语力量、统治的意思）中，最伟大的当属第十任苏莱曼。欧洲人因敬畏他的武力，称呼他为"大帝"；帝国内部则因他的文治，称呼他为"立法者"。

和平继位

奥斯曼人原来是突厥部落之一，逐渐发展壮大，于 1453 年消灭拜占庭这个千年帝国后，将君士坦丁堡立为首都，改名伊斯坦布尔。从此，奥斯曼帝国在 400 年间控制了东西方商品贸易和文化交流。

历来君位继承伴随着腥风血雨，尤其是在奥斯曼这个冉冉升起的帝国里，杀死其他有权继位者是常规操作。苏莱曼的父亲赛利姆一世当年就是通过政变逼迫父亲下台的，还杀死了能威胁自己地位的兄弟和侄子。对待亲生儿子，他同样毫不留情。考察一番后，他觉得苏莱曼堪当大任，于是为了苏莱曼能顺利继位，处死了其他王子。

苏莱曼出生于 1494 年，自幼接受良好的伊斯兰教育，17 岁时被派往卡法（黑海北部港口，属于克里米亚）担任总督，以锻炼他的政治手腕。1520 年，赛利姆一世病逝，苏莱曼平稳继位，兼任伊斯兰教最高领袖哈里发。上天总算没辜负赛利姆一世的苦心，苏莱曼正是那位把奥斯曼帝国带向全盛的王者。

苏莱曼在总督任上学习治国经验

南征北讨

年轻的苏莱曼志得意满，继位第二年就开始了他的扩张之路，一生前后 13 次御驾亲征。他继承了历代苏丹的遗志，终于将匈牙利重镇贝尔格莱德拿下。之后，苏莱曼又攻下了易守难攻的罗德岛，他曾祖父在这里铩羽而归。

彻底打败匈牙利军队后，苏莱曼大军抵达维也纳城下，这震惊了整个欧洲。如果维也纳被攻下，奥斯曼军队就可以长驱直入欧洲腹地，基督教文明将遭受毁灭性打击。不过，苏莱曼对欧洲的军事威胁止步于此。

在此之前，波斯是伊斯兰世界的霸主。波斯此时是萨法维王朝，属于伊斯兰教什叶派，奥斯

曼帝国则属于伊斯兰教逊尼派，这两派本来就互相对抗。奥斯曼要想确立对伊斯兰世界的领导权，就必须击败波斯。占领了波斯西部大片土地和旧都巴格达后，奥斯曼帝国成为名副其实的伊斯兰世界的主宰和阿拔斯王朝哈里发的合法继承人。

称霸地中海

西班牙通过殖民美洲逐渐强大，这引起了苏莱曼的警惕。他打造了一支远超地中海所有国家船只数量总和的舰队，1538年在普雷韦扎战役中击败了西班牙，从此称霸地中海几十年。

坐享东西方贸易枢纽带来的丰厚利润时，苏莱曼不会想到，这一举动间接引起了欧洲巨变。为了摆脱奥斯曼的垄断，欧洲开始了大航海时代，以便发现新航线。地理大发现进一步带动了文艺复兴，使欧洲逐渐走出了黑暗的中世纪。

立法者

随着版图不断扩大，帝国境内各民族的习俗、税收、司法体系都不一样，治理难度大大增加。苏莱曼制定了名为"卡农"的法令，整合了前九任苏丹的全部判决，去掉了重复、自相矛盾、不合理的，让帝国的法律体系臻于完善。"卡农"不仅没有违背伊斯兰教基本法，还能适应帝国的快速发展，被后世沿用了300多年。

北欧雄狮

古斯塔夫二世

別名：
古斯塔夫大帝、北方
雄狮、雪王

出生日期：
1594 年

逝世日期：
1632 年

主要成就：
推行军事改革，对
近代军事学发展产
生重要影响。

瑞典的国土面积居北欧首位，在欧洲排名第五，历史上很长时间里却寂寂无名，现在人们提到有名的瑞典公司，可能也挺难想到宜家以外的。但在 17 世纪，一位君主的睿智勇敢，也曾让这个国家走向辉煌，成为欧洲新教的领袖。

稳定国内政局

1594 年 12 月 9 日，在寒冬腊月的瑞典首都斯德哥尔摩，古斯塔夫·阿道夫出生了。他并非天生的王子，父亲卡尔九世在 1599 年利用宗教纷争，将当时的国王西吉斯蒙德（自己的侄子）罢黜并赶出了瑞典。

1611 年，卡尔九世驾崩，17 岁的古斯塔夫即位。卡尔九世执政 12 年，和波兰、丹麦、俄罗斯冲突不断，无休止的战争带来了沉重盘剥，引起了包括贵族在内的各阶层不满。古斯塔夫虽然成为国王，但是按照传统还没到能亲政的年纪，大贵族想趁机参政，在卡尔马战争（1611—1613 年）中获胜的丹麦又对瑞典虎视眈眈。

可以说，古斯塔夫内外交困。他只能对贵族适度让步，放弃了宣战、税收方面的一些权力，并任命当时只有二十来岁的奥克森谢尔纳伯爵为首席大臣，以此稳定局面，争取贵族的支持。当然，雄主总是会发光的，奥克森谢尔纳后来变成了古斯塔夫的左膀右臂。

近代战争之父

作为与亚历山大、恺撒、拿破仑齐名的战争天才，古斯塔夫麾下自然少不了一支强有力的军队。

与欧洲绝大多数国家实行的雇佣兵役制不同，古斯塔夫实行义务兵役制，从 15 至 44 岁的瑞典男子中 10 人抽 1 人，组建了一支 3 万多人的常备军，训练水平、向心力等都比雇佣兵稳定得多。

古斯塔夫还特别强调军纪，和雇佣兵为了金钱到处奸淫掳掠不同，他的军队严禁偷盗、抢劫、强奸、酗酒等恶习。

古斯塔夫摆脱了重装步兵为主的理念，当时这在欧洲是主流。他削弱步兵装甲，以增加机动性，并增加火枪兵，以提升火力优势。通过改进火炮、减少火炮种类，他真正把炮兵作为一个独立兵种去训练和建制，炮兵灵活性和重要性都显著增强了。

古斯塔夫还完善了线性战斗队形，也就是后来拿破仑时代经典的"排队枪毙"队形，这对从冷兵器到热兵器战争的过渡意义深远。

瑞典军队对欧洲其他军队，属于"降维打击"。因此，古斯塔夫的种种改革被欧洲其他国家相继效仿，他也被誉为"近代战争之父"。

称霸波罗的海

古斯塔夫对贫瘠偏僻的北欧不太在意，与丹麦议和后，就把眼光放在波罗的海沿岸的欧洲大陆城市上。当时德意志还不是一个完整国家，神圣罗马帝国内部公国林立。俄罗斯也还没成气候，却时刻惦记波罗的海出海口。

在波罗的海沿岸登陆的古斯塔夫

最强大的对手应该是当时凭借翼骑兵横扫中东欧的波兰。除了之前的瑞典国王头衔，信仰天主教的西吉斯蒙德还拥有波兰国王头衔，可以说和古斯塔夫是"新仇旧恨"，较量长达二十年。

古斯塔夫先击败俄罗斯，并夺走了波罗的海出海口，将俄罗斯跻身欧洲强国的时间推迟到了彼得大帝在位时。然后，线性战斗队形充分发挥了火力优势，将还属于冷兵器时代的翼骑兵斩落马下。这样一来，瑞典获得了波罗的海沿岸多座城市，成功控制了这一带的海上贸易。

殒命"三十年战争"

当时神圣罗马帝国北部主要是信仰新教的诸侯，南方主要是信仰天主教的皇帝和诸侯。双方从宗教信仰到经济利益的冲突导致了内战，前前后后有欧洲多国参与，共历时 30 年，所以史称"三十年战争"。

瑞典参与的是战争第二阶段。古斯塔夫既不想让神圣罗马帝国皇帝坐大，联合波兰影响自己的地位，又想通过战争扩大瑞典在波罗的海的地盘。他一路南下，军队秋毫无犯，使北方的新教诸侯纷纷归附，并击败了天主教联盟的核心——巴伐利亚的蒂利伯爵。古斯塔夫名声大噪，俨然成为新教世界的救世主。

皇帝无奈起用了"雇佣兵之王"华伦斯坦。华伦斯坦径直向北方进攻，企图切断古斯塔夫的补给线，古斯塔夫不得不回援。1632 年，双方在莱比锡以西的吕岑（音 cén）决战。古斯塔夫依旧身先士卒，却不幸在浓雾中与骑兵队伍走散，碰上了帝国骑兵，最终后背中枪，殒命沙场。然而，这一仗的赢家还是瑞典。

古斯塔夫 6 岁的女儿克里斯蒂娜继位，由奥克森谢尔纳摄政，瑞典对欧洲大陆事务的影响力明显下降。

古斯塔夫遗体被运回瑞典

路易十四

别名：
路易十四、太阳王

出生日期：
1638 年

逝世日期：
1715 年

国籍：
法国

民族：
法兰西人

主要成就：
在任期间法国成为当时欧洲最强的国家；在任期间法国开疆扩土；建立起绝对君主专制；发动法荷战争、西班牙王位继承战争、大同盟战争。

法国的前身，是法兰克王国分裂之后出现的西法兰克王国。在西欧，法国一直举足轻重，历史上它最高光的一段虽然是拿破仑时期，但这也要追溯到 17 世纪的"太阳王"路易十四。

天之骄子的坎坷路

1638 年，路易十四降生在法国巴黎西郊，他是父王路易十三和王后奥地利的安妮 23 年来的第一个孩子，本该过上无忧无虑的奢华生活。当时法国在红衣主教黎塞

留成功的外交、政治、军事操作下，已经成为区域强国。可惜的是，上一节提到的三十年战争还未结束，黎塞留就去世了；紧接着第二年，路易十三也病逝了。1643 年，不到 5 岁的路易十四继承王位，黎塞留的继任者马萨林作为首相，实际掌控国家。

1648 年是个多事之秋，眼瞅着三十年战争各方都无力继续，无法通过对外战争转移的矛盾——投石党运动 [1] 一下在国内爆发。因为这一政治事件，路易十四被迫两次离开巴黎，四处游荡了几年，才得以重返。这也让路易十四意识到权力和军队的巨大作用。1648 年 10 月，三十年战争告终，法国本来是赢家，理应走向欧洲霸主之路，却因这场内战而暂时错过机会，还陷入了与西班牙的战争。

凡尔赛王权

内忧外患的法国在英格兰的帮助下，于 1658 年扭转了法西战争的局势。1661 年，马萨林去世，23 岁的路易十四终于可以亲政。他运用多种手段，加强王权和中央集权。

路易十四宣布"朕即国家"，废除首相制度，每天用超过 8 个小时打理国政，并安排六位地位平等的大臣辅佐自己，任何文件都必须由他签署才能生效，这种"一票决定权"让他将权力牢牢抓在手里。

凡尔赛宫的舞会

路易十四在巴黎郊区建造了世界五大宫殿之一的凡尔赛宫。通过宫内的铺张舞会和盛大酒宴，他把贵族们困在了纸醉金迷的"温柔乡"里，无暇顾及领地上的事务，一心以博得国王的好感为荣。就这样，困扰了许多代法王的地方势力坐大问题消弭于无形。

称霸欧洲

路易十四实行重商主义，让因战争而凋敝的法国经济快速恢复过来，这样就有资本实行侵略性的政策了。在他执政期间，法国共发生了三场战争。

1672 年，路易十四对荷兰发动报复性的法荷战争。经过 7 年终于重创荷兰，使自己的威望达到顶峰。路易十四选定太阳作为自己的纹章，所以人们称呼他"太阳王"。

通过法荷战争，路易十四成为欧洲霸主。出于统治需要，他要求国民统一信仰天主教，残酷迫害新教徒，这不仅让法国流失数万劳动力，还将以前的新教盟友推向了对立面。1686 年，奥地利、西班牙、瑞典等国组成奥格斯堡同盟（1689 年英国加入后，改称反法"大同盟"）。1688 年，

入侵德意志地区的法国掀起了"大同盟战争"。经过长期拉锯战，各方于1697年最终言和，路易十四的霸权第一次受挫。

西班牙哈布斯堡王朝君主死后无嗣，在路易十四与罗马教廷的操作下，路易十四的孙子安茹公爵腓力被定为继承人，这样就解除了法国西南的威胁。奥地利哈布斯堡王室自然不满，1702年，西班牙王位继承战争开始。1713年，反法同盟和法国最终还是因为无法支撑庞大的战争开支，签订和约。

晚年"人设崩塌"

虽然路易十四的孙子成功入主西班牙，成为腓力五世，然而和约明确规定，法、西两国不得合并。而且，法国军队损失惨重，数量不及全盛时期的1/3，国家也因他的好大喜功、穷兵黩武而变得更加萧条。挣扎在生死线上的民众对西班牙王位继承战争的结果大为失望，路易十四失掉了民心，"太阳王"人设彻底崩塌。

1715年临终时，路易十四不得不交代继承人（他的曾孙路易十五，因为儿子和孙子都在他之前去世）要与民休息。路易十四在位超过72年，是历史上有确切记载的主权国家在位时间最长的君主。

[1] 投石党运动：1648—1653年法国反对专制王权的政治运动。

tips · 路易十四有多爱美？

你能想象到，高跟鞋和丝袜这两种东西竟然是为男人发明的吗？

据说路易十四身高不到1.55米，尤其是中年后发福，矮胖矮胖的，于是命人打造了高跟鞋，让自己看上去伟岸高大一些。然而穿短裤露着黑乎乎的腿毛，既不保暖又不美观，他就穿上了白色长筒丝袜。这就是丝袜和高跟鞋的雏形。

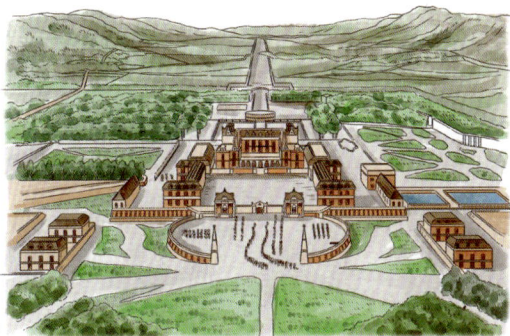

彼得一世

别名：
彼得大帝

出生日期：
1672 年

逝世日期：
1725 年

国籍：
俄罗斯

主要成就：
使俄罗斯现代化；定都圣彼得堡，赢得波尔塔瓦战役；赢得大北方战争，夺取波罗的海出海口。

17 世纪之前，俄国作为欧洲边陲，空有广袤领土，却没有与之匹配的实力和国际影响力，在西方眼里野蛮落后。然而一位沙皇的出现，彻底改变了这种局面。他于俄国，就好像明治天皇于日本，全面向西方学习，使俄国逐渐跻身欧洲强国之列。

从共治到独裁

彼得一世生于 1672 年，10 岁时被选为沙皇，同父异母的姐姐索菲亚公主却勾结"射击军"发动政变，让局面变成了他与同父异母的哥哥伊凡（和索菲亚同母）共治。伊凡因身心缺陷没有执政能力，俄国实际上由索菲亚掌控。

政变时，彼得母亲家族及支持者遭到了残忍屠杀。彼得母子失去权力后，被放逐到首都莫斯科郊外。索菲亚故意不给彼得请老师，以至于长大后彼得也会出现拼写错误。可能正因为这段经历，彼得养成了残忍野蛮的性格。

随着彼得年龄渐长，索菲亚决心除掉他，以绝后患。得到消息的彼得躲了起来，联络更多贵族支持自己，最终打败了索菲亚。1696 年，彼得的母亲和哥哥伊凡相继去世，他终于可以独揽大权。后来彼得出国期间，索菲亚又妄图发动政变，被残酷镇压。彼得杀掉了 2000 多叛变者，并将这些人的尸体悬挂在索菲亚窗外以恫吓她。

彼得在造船厂当学徒

亲赴欧洲学习

被放逐到莫斯科郊外时，彼得就非常喜欢到附近的外国人聚集地玩耍。他在那里领略了西方文化的乐趣与优雅，更见识了先进的造船技术等。掌权后，彼得派遣了一支使团去欧洲访问学习，自己则以下士身份隐藏其中。君主到其他国家微服私访，这对于保守的俄国可谓破天荒头一遭。

彼得对欧洲的一切如饥似渴，丝毫没有沙皇的架子。他在荷兰造船厂当过木匠，参观过英国的兵工厂和海军，还连哄带骗从欧洲带回来大批专家。

彼得还趁出访之机，和波兰国王建立联系，最终丹麦、波兰、俄国三家组成北方联盟，一起对付当时欧洲数一数二的强国瑞典，以便取得波罗的海出海口。

大力推行改革

彼得回国后，就开始大刀阔斧进行改革。首先是生活习惯，他要求男人改变穿长衫的习惯，换上西式服装，女人要穿连衣裙，而且学习西方社交礼仪，让她们也可以出现在舞会等公众场合。

彼得一世给身边的人剪掉胡须

最有意思的要数刮掉胡子。俄国男人有蓄须的习惯，来彰显男子气概。彼得认为这是落后的表现，要求所有男子（教士除外）必须像西欧男人那样把脸剃得干干净净，不剃的要交胡须税。

彼得还改革了地方行政机构，架空了对自己越来越不满的领主杜马；进行人口普查，把户税改为人头税，以增加税收；开设数学与航海科学学院等世俗化学校，培养更多技术人才；发展工业，自给自足；剥夺东正教会特权……这些都让俄国甩掉了"历史包袱"，逐渐强大起来。

终获出海口

俄国领土虽大，却没有出海口，是个内陆国，没有像样的海军，这极大制约了它的经济、军事发展。从奥斯曼土耳其帝国手中夺回黑海沿岸城市亚速后，彼得就将眼光投向了波罗的海。

1700年，北方战争拉开序幕。瑞典先是击败丹麦和波兰，迫使两国退出战争。俄国独木难支，自然无法应付瑞典，在人数占绝对优势的情况下，依旧战败。好在瑞典并没有把俄国放在眼里，继续对付波兰去了。

抓住这个空当，彼得积极改革军队，练出了数十万常备军，配发了新式武器，还建立了海军。1702年，彼得趁瑞典与波兰缠斗之机，夺下了波罗的海出海口，开始克服万难修建新首都圣彼得堡。之后，俄军对瑞典取得了越来越多的胜利，这也让欧洲列强对俄国另眼相看。1721年，北方战争彻底结束，俄国成功夺取了波罗的海沿岸大片土地，东北欧霸主也从瑞典变成了俄国这一后起之秀。

1725年，彼得一世在圣彼得堡去世。他出身平民的妻子叶卡捷琳娜一世继承了沙皇之位，俄国得以继续在改革的道路上稳步前行。

圣彼得堡景象

tips
俄国的幸运，中国的不幸

彼得一世带给俄国强大，却也带给中国灾难。俄国对出海口的执着不仅在西边，也在东边，比如中国的旅顺等地。1685—1688年，清朝康熙皇帝发动了两次雅克萨自卫反击战，与俄国签订了做出巨大让步的《尼布楚条约》，才遏制住几十年来俄国对中国东北黑龙江流域的侵略。

叶卡捷琳娜二世

别名：
叶卡捷琳娜大帝

出生日期：
1729 年

逝世日期：
1796 年

国籍：
俄罗斯

民族：
日耳曼人

主要成就：
主张开明专制，巩固封建农奴制；击败奥斯曼帝国，打通黑海出海口；三次瓜分波兰，扩大俄罗斯疆域。

如果说彼得一世是俄罗斯帝国的奠基人，那么叶卡捷琳娜二世就是缔造者。这个外国女人是如何一步步取得俄国人信任，并登上权力宝座，成为俄国历史上唯一在世时就晋升为"大帝"的女沙皇的？

夫妻如仇人

俄国的伊丽莎白女皇终身未嫁，所以没有子嗣，无奈只能立姐姐的孩子彼得为太子。14 岁的彼得被迫从德意志

113

迁往俄国，他几乎不会说俄语。同时，伊丽莎白女皇还为彼得选择了太子妃——普鲁士贵族少女索菲亚。

索菲亚 1729 年出生于普鲁士没落贵族家庭，是将军之女，从小开朗活泼、热爱学习。彼得自幼就崇拜普鲁士，非常抗拒成为俄国沙皇。索菲亚却接受了命运的安排，坦然成为俄国太子妃和彼得的妻子，被伊丽莎白女皇赐名叶卡捷琳娜。两人的结合本来就是彻头彻尾的政治婚姻，对来到俄国的看法又大相径庭，彼得异常冷落叶卡捷琳娜，婚后五年一直分居。他登基以后，甚至一度想要废黜叶卡捷琳娜，送她进修道院，这使本就形同陌路的夫妻变得水火不容。

政变成女皇

彼得继位以后，盲目崇拜"偶像"普鲁士的弗里德里希大王，居然不顾俄国利益，撕毁与法国、奥地利的同盟，退还霸占的普鲁士领土，这让朝野上下都怒火中烧。他还执意把国教从东正教改为新教路德宗。彼得的所作所为，已经引起几乎所有人的愤怒。

反观叶卡捷琳娜，她称职地扮演着自己的角色，主动改信东正教。据说她在熬夜学习俄语的时候感染肺炎，在弥留之际拒绝了父亲特意找来的新教路德宗牧师做临终祷告，要求用东正教教士。这一切让俄国人看到了希望。叶卡捷琳娜还与位高权重的大臣建立了联系，获得他们的支持。

1762 年，叶卡捷琳娜发动宫廷政变，逼登基不到 6 个月的彼得退位，自己登上了沙皇宝座，成为帝国有史以来的第四位女皇。

继续向西方学习

婚姻失意的那段时间里，叶卡捷琳娜疯狂攻读政治、哲学和历史书籍，诸如伏尔泰的作品、德意志历史、孟德斯鸠的《论法的精神》等。这不仅为她的政治之路提供精神基础，更使她眼界开阔，实行"开明专制"，开始了俄国的思想启蒙运动。

叶卡捷琳娜鼓励发展教育，起草了儿童教育大纲，在全国建立中小学。

她积极资助艺术，现在圣彼得堡艾尔米塔什博物馆（又叫冬宫博物馆）的大量藏品，都是由她收集的。

她颁布行省法令，将俄国分为 50 个行省，由中央指派官员管理，加强中央集权。

她压制教会，关闭了全国三分之二的修道院，鼓励人们信仰自由，将教会土地收归国有，使教会不能再插手行政事务。

她还大力发展经济，3 年时间国库就由赤字转为盈余。她的一系列改革措施都使俄国从短暂的歧路中继续朝着好的方向迈进。

扩张土地

叶卡捷琳娜联合普鲁士和奥地利，从 1772 年开始三次瓜分波兰，一度将这个国家彻底从地图上抹去。她还击败了宿敌奥斯曼土耳其帝国，获得了黑海出海口，从此俄国舰队可以在黑海畅通无阻，这是彼得一世都未取得的功绩。叶卡捷琳娜在位期间，为俄国向南、向西扩张了 67 万平方千米土地。因此，她是当之无愧的"大帝"。

叶卡捷琳娜甚至宣称："假如我能够活到二百岁，全欧洲都将匍匐在我脚下！"

俄、普、奥瓜分波兰

弗里德里希二世

别名：
腓特烈大帝

出生日期：
1712 年

逝世日期：
1786 年

主要成就：
主张开明专制，发展普鲁士军事力量两次发动西里西亚战争，兼并西里西亚第一次瓜分波兰，获得西普鲁士。

德国是两次世界大战的策源国，它的前身普鲁士极具尚武精神。诸侯林立，形如春秋战国乱世一般的神圣罗马帝国内部，普鲁士在三面夹击之下谋得发展。而它的最强领导者就是弗里德里希大王，一位武功上被拿破仑视为偶像又不输文采的统治者。

逃跑的王子

1712 年，弗里德里希生于普鲁士首都柏林，是

父亲"士兵王"弗里德里希·威廉一世的唯一继承人。与传统普鲁士贵族不同，弗里德里希对音乐、哲学更感兴趣，在演奏长笛上颇有天赋，这与父亲严格强硬的斯巴达式军事化教育格格不入。弗里德里希从小就常常遭到打骂，藏书被撕，长笛被毁，然而压垮他的"最后一根稻草"是父亲对婚姻的干涉。弗里德里希被迫娶了哈布斯堡家族的亲戚，于是决定出逃。

　　出逃的第二天，弗里德里希就被抓了回来。父亲为了教训儿子，让弗里德里希亲眼看着唯一的挚友，也就是帮助他出逃的卡特被杀。弗里德里希崩溃了，从此对父亲逆来顺受，不再反抗，直到1740年登基。

弗里德里希目睹卡特被杀

普鲁士步兵

吞并西里西亚

　　战争天才拿破仑击败反法同盟以后，在弗里德里希的墓前说过："如果他还在，我们是不可能踏上普鲁士的。"弗里德里希究竟有什么魅力，能成为拿破仑的偶像？

　　大多数人认为，弗里德里希会是文弱的开明君主，但没想到他刚登基，就得到了展示自己的机会。被强迫娶了和奥地利王室有关的女子，本就让弗里德里希怀恨在心，面对曾经的宗主，他没有丝毫顾忌，趁着奥地利与法国、土耳其打完仗正虚弱的机会，于 1740 年直接吞并了与普鲁士接壤的奥属西里西亚地区。这个地方相当富庶，纺织工业发达，后来贡献了普鲁士 1/4 的税收。聪明的弗里德里希见好就收，不再介入奥地利王位继承战争，为普鲁士赢得了宝贵的十年和平发展时间。

文采与改革

西里西亚战争结束以后，弗里德里希开始把注意力放在内政建设上。他喜欢言简意赅的法语，即使行军打仗时也会带着藏书，偶尔翻出来看看，对伏尔泰、孟德斯鸠、笛卡儿等启蒙思想家的著作更是如数家珍。他说，自己是"这个国家的第一公仆"。

弗里德里希欢迎各国的有才之士来到柏林，无论信仰如何，甚至提出过在这里修建一所清真寺。柏林迅速成为大都市。弗里德里希重视解放农奴，还创立了世界上第一套强制性义务教育制度，规定 5 ～ 13 岁的儿童必须上学，普鲁士的识字率因此在欧洲长期领先。此外，弗里德里希亲自设计了无忧宫，在那里他终于过上了想要的生活，可以无忧无虑地谱写长笛曲、完成著作了。

勉力支撑七年战争

缓过气来以后，奥地利为了抑制普鲁士的发展、夺回西里西亚地区，联合俄国、法国、瑞典组成了反普同盟。1756 年，弗里德里希决定先发制人，七年战争正式拉开序幕。

战争初期，弗里德里希凭借先进的"斜线式战术"成功击败奥军，在 1757 年的罗斯巴赫会战中取得决定性胜利，因此名声大噪。但是，双拳难敌四手，接下来的战役中，普军连连输给俄奥联军，几次面临亡国危机。就在这时候，戏剧性的一幕发生了：俄国伊丽莎白女皇去世，继任者是弗里德里希的"迷弟"，竟转而和普鲁士结盟。七年战争逐渐收场，普鲁士也守住了西里西亚。

为了避免再次引火烧身，缓解俄国和奥地利因七年战争而产生的对领土的渴望，弗里德里希参与了 1772 年的第一次瓜分波兰，这也是种祸水东引吧。由于他的一系列"神操作"，普鲁士成功跻身欧洲五大强国（英、奥、俄、法、普）之列。

玛丽亚·特蕾莎

哈布斯堡王朝的中兴者

出生日期：
1717 年

逝世日期：
1780 年

所属王朝：
哈布斯堡 - 洛林皇朝

主要成就：
奥地利首位女大公，哈布斯堡历史上唯一的女性统治者；实行开明专制，进行各项改革，增强国力。

面对宿敌法国和正在崛起的普鲁士、俄国，失去西班牙的哈布斯堡王朝勉力维持。它以奥地利为核心，空有神圣罗马帝国皇帝称号，在查理六世时迎来了最大危机。这个王朝之所以没有分崩离析，要仰赖一位杰出的女性统治者——玛丽亚·特蕾莎。

幸福快乐的少女时代

1717 年，玛丽亚·特蕾莎出生于奥地利首都维也纳的霍夫堡宫。一年前，她的哥哥刚刚夭折，这个女儿的出生让查理六世夫妻既惊喜又忧虑，毕竟按照惯例，哈布斯堡王朝和神圣罗马帝国只有男性才能继承。

查理六世与女儿非常亲近，虽然生儿子的机会越来越渺茫，他却并没有按照君王标准培养女儿，这让玛丽亚的童年过得无忧无虑，比同时期普鲁士的弗里德里希要好多了。更难能可贵的是，玛丽亚并没有成为政治婚姻的牺牲品，查理六世尊重女儿的选择，把她嫁给了情投意合的洛林公爵弗朗茨·斯特凡。

不过，为了整个家族和皇位的延续，查理六世通过出让利益和土地等方式，还是令英、法、俄、普等大国承认了早在 1713 年颁布的《国本诏书》。这样就算没有男性继承者，长女也可以拥有继承权。

早年的玛丽亚·特蕾莎

玛丽亚与弗朗茨结婚

奥地利王位继承战争

1740 年 10 月，查理六世去世，玛丽亚继位。她接手的是一个军事孱弱、财政枯竭、强敌环伺的国家，哈布斯堡王朝统治的地区除了奥地利、匈牙利、波希米亚能连在一起，其他部分分散在意大利北部和今比利时、卢森堡等地。

她刚刚继位，普鲁士的弗里德里希就夺走了奥属西里西亚，这场战争让各国看到了奥地利的虚弱，纷纷轻视这位只有 23 岁、不具备任何从政从军经验的女大公。于是，法国联合普鲁士、巴伐利亚、西班牙诸国，无视《国本诏书》，宣布玛丽亚没有继承权，意在瓜分哈布斯堡家族的领土。就这样，奥地利王位继承战争爆发了。

多线作战的玛丽亚败下阵来，忙碌的政事、紧张的战事、怀孕生子的压力并未击垮这个年轻女子。她带着刚出生的孩子跑到匈牙利借兵，最终成功

反击。战争长达 8 年，然而玛丽亚挺了过来，丈夫弗朗茨被选为神圣罗马帝国皇帝，而她仍然是实际统治者，拥有一长串头衔: 奥地利女大公、神圣罗马帝国皇后、波希米亚女王、匈牙利女王……

由开战到止战

玛丽亚痛恨趁火打劫的弗里德里希，一直想着收回西里西亚，于是联合法国、俄国发动了七年战争。这场战争差点就把普鲁士这个新兴的德意志第二强国灭掉了，然而戏剧性的一幕出现了: 俄国的伊丽莎白女皇(彼得大帝小女儿)去世，新继位的彼得三世站到了普鲁士一边，七年战争草草结束。

玛丽亚带着襁褓中的孩子亲赴匈牙利争取支持

连年战争使玛丽亚意识到奥地利自身的许多问题，她用更现代、更严格的方式组建正规军，并建立军官学校，以提升部队战斗力。面对哈布斯堡统治的多民族区域，她改组政府机构，加强中央集权。她还最大限度解放农奴，提倡教育，兴办学校。

玛丽亚不光着手改革，还改变了哈布斯堡王朝的外交策略。她意识到现在的重心已经不是与法国争霸，而是保护好自己的领土，避免因再次卷入战争而被拖垮，于是笃行"宁要平庸的和平，不要辉煌的战争"这一信条，调整了与法国对抗百年的策略，转而联合法国抑制普鲁士，这被称为 18 世纪的"外交革命"。

欧洲"丈母娘"

1765 年，弗朗茨去世。失去丈夫的玛丽亚与继位为神圣罗马帝国皇帝的长子约瑟夫共同执政。她的丰富经验弥补了年轻儿子理想化、鲁莽带来的负面影响，尽力维持奥地利的稳定。玛丽亚共生了 16 个孩子，可惜将近一半夭折。为了加强与欧洲各国的联盟，她将几个女儿分别嫁给了德意志、帕尔马、那不勒斯、法国的贵族或国王。著名的法国末代皇后玛丽·安托瓦内特，就是她心爱的小女儿。1780 年，她终于怀揣着对丈夫的思念离开了人世。而她带领的奥地利，也由一个陈旧的封建王朝向着近代化迈进。

玛丽亚的一家

拿破仑·波拿巴

- **别名：**
拿破仑一世

- **出生日期：**
1769 年

- **逝世日期：**
1821 年

- **国籍：**
法国

- **民族：**
科西嘉人

- **主要成就：**
保护法国大革命的
成果；五破欧洲反
法同盟；打赢五十
余场大型战役。

从小兵崛起为皇帝，凭一己之力抵抗了全欧洲的敌意。这位说过"不想当将军的士兵不是好士兵"的战神，创造了军事史上的奇迹，也让法国站在了世界之巅。从他之后，法国再也未能在国际舞台上取得像样的辉煌，难怪都说"拿破仑之后再无法兰西"。

从大革命中崛起

1769 年，拿破仑出生于科西嘉岛一个没落贵族家庭。他父亲很重视教育，10 岁时就把拿破仑送回法国本土学校。

他来自乡下，个子矮小，其貌不扬，经常被同学们欺负，但凭借惊人的毅力和天才的头脑，成了"别人家的孩子"。16 岁时，拿破仑从军校毕业，授衔炮兵少尉。

1789 年，法国爆发了大革命，这成为拿破仑人生的转折点。由于国王路易十六勾结国外势力，群情激奋的市民在 1793 年处死了他。欧洲各国君主被这一行为惊吓到了，害怕法国自由平等的

战场上的拿破仑

革命思想蔓延开来，自己落得跟路易十六一个下场。于是，英国、奥地利、普鲁士、西班牙、荷兰等国家成立反法同盟，意图干涉法国革命。

面对入侵，法国派出军队反击，拿破仑就在其中。他创新战法，把火炮集中使用，并发挥骑兵的机动优势，通过 6 次大战，使法国反败为胜。1796 年，拿破仑在意大利北部彻底击败奥军，第一次反法同盟瓦解，拿破仑成了法国人眼中的民族英雄。

雾月政变

拿破仑加冕称帝

法国大革命一直在政党轮番倾轧中风雨飘摇，拿破仑的个人声望让督政府感到了威胁，于是他被派往埃及远征。拿破仑离开以后，第二次反法同盟又开始形成，实施恐怖统治、杀人如麻的雅各宾派自然无力抵抗，法国国内一片混乱。拿破仑听到消息后，秘密潜回巴黎，百姓像看到"救星"一般欢迎他。1799 年 11 月 9 日，拿破仑发动了雾月政变，推翻了雅各宾派，结束了国内乱局。

1800 年 6 月，拿破仑在马伦戈会战中亲自率军击败了奥地利，第二次反法同盟随之瓦解。1804 年，拿破仑加冕称帝，史称法兰西第一帝国。这是为了保护革命的胜利果实，防止波旁王朝再次复辟，也是为了满足他个人的野心。他对立法、行政、教育等各方面进行了重大改革，尤其是由他下令起草的《拿破仑法典》，成为后来欧洲资本主义国家的立法规范。

与欧洲为敌

拿破仑不仅要做法国人的皇帝，还要统治整个欧洲。从 1803 年到 1815 年这 12 年间，他发动了数次对外侵略战争，第三、四、五次反法同盟都迅速被击败并瓦解，欧洲各国都活在拿破仑的阴影之中。

现在欧洲只剩下英国和俄国没有臣服。考虑到法国海军被摧毁了，拿破仑决定迅速击溃俄国，再集中力量慢慢收拾英国。1812 年 5 月，他率领 65 万军队入侵俄国。沙皇亚历山大一世并没有选择硬碰硬，而是坚壁清野，

法军欢迎拿破仑回归

把军队和人民都撤到俄国腹地等待机会。面对被大火烧得一无所有的莫斯科和俄国严酷的寒冬，法军立刻失去了战斗力，拿破仑狼狈而归。这时候，第六次反法同盟形成了。

拿破仑败退回法国时，只剩 3 万人。面对反法同盟的近 80 万大军，1814 年他无奈退位，被流放到地中海上的厄尔巴岛。路易十八回到法国，波旁王朝复辟。

兵败滑铁卢

1815 年 3 月，拿破仑从厄尔巴岛逃回法国，被派去拦截的军队一见到他就纷纷倒戈，路易十八只能仓皇出逃。英、俄、奥、普只好组成第七次反法同盟。这次与拿破仑对决的主要是英普联军，双方在滑铁卢进行决定性的会战。可惜因为轻敌和将领选择失误，拿破仑输掉了这场关键战役。最终，他只能签署退位诏书，被囚禁在大西洋上的遥远孤岛圣赫勒拿。郁闷孤寂的六年后，1821 年，拿破仑病死，一代枭雄的故事落幕。

拿破仑在圣赫勒拿岛上的苦闷日子

『解放者』沙皇

—— 亚历山大二世

- 别名：
解放者（绰号）

- 出生日期：
1818 年

- 逝世日期：
1881 年

- 民族：
日耳曼人

- 主要成就：
推行改革，废除农奴制，设立地方自治议会，推动俄国近代化发展；为俄国夺取中亚诸汗国及中国西北、东北的大片领土。

19 世纪中期，俄国迎来了巨大的危机，内有高压警察统治，外有战争接连失利。亚历山大二世就是在这种内忧外患中即位的。他会采取什么措施，让俄国渡过这个难关呢？

临危登基

反抗拿破仑一世的战争中，一批俄国年轻贵族军官（史称"十二月党人"）领略到西欧政治、经济制度的先进性，自发地想推翻沙皇专制统治，于是在 1825 年 12 月发动军事政变，很遗憾的是，被当时在位的尼古拉一世残酷镇压了。为了防止此类事件重演，他在国内实行高压警察统治，人人自危。

　　1853 年到 1856 年，俄国与英国、法国为了争夺克里米亚地区，爆发了克里米亚战争。俄国的装备和指挥都问题重重，无力再战，大败收场。1855 年，亚历山大二世即位时，俄军已经处在崩溃边缘。内忧外患使亚历山大二世的统治岌岌可危。

解放农奴

　　叶卡捷琳娜二世的改革是通过支持和亲近贵族、压迫农奴实现的，因此农奴制这个顽疾在前几代沙皇那里并无改变。19 世纪中叶，第二次工业革命即将到来，俄国资本主义手工工场逐渐增多，对运输和贸易的需求越发旺盛。

　　但是俄国 90% 的人口是被束缚在土地上、毫无人身自由与购买力的农奴，他们过着吃苦受罪

亚历山大二世与农奴

的日子，既不能为手工业提供劳动力，又不能拉动内需、提供国内市场，可以说农奴制严重制约着俄国的经济发展。经济跟不上就无法武装新式军队，克里米亚战争的失败充分暴露了俄军的全方位落后。

　　亚历山大二世意识到，自上而下的改革迫在眉睫，否则可能酝酿出像法国一样自下而上推翻专制统治的革命。于是他在 1861 年颁布了废除农奴制的法令，规定农奴获得人身自由，可以自

由变换职业，获得解放的同时可以从地主手中高价赎买一块土地，作为生活保障。废奴法令是继法国大革命之后的又一次重大历史变革，也是俄国历史上的关键转折点，它推动了俄国资本主义发展，也让工人阶级迅速壮大。因此，亚历山大二世也被称为"解放者"。

对中亚和中国的贪婪

通过解放农奴、修建铁路、地区自治议会等一系列改革，俄国社会重新焕发了生机，亚历山大二世觉得，是时候提升俄国的国际威望了。没法跟英、法等起步更早的强国"抢肉吃"，俄国因此将侵略目光扫向了亚洲。

从 1865 年开始，俄国觊觎中亚的矿产资源和市场，用十年时间，吞并了近半中亚地区。借着清政府与英法进行第二次鸦片战争、镇压太平天国起义的时机，俄国先后与清政府签订了《瑷珲条约》《北京条约》《勘分西北界约记》等，强占了中国 150 多万平方千米土地。自此，中国失去了日本海的出海口，亚历山大二世也成为强占中国领土最多的俄国沙皇。

遇刺身亡

亚历山大二世晚年越来越保守，对革命者采取镇压的方式，效果适得其反。1874 年开始，革命者中的恐怖主义势力抬头，多次试图暗杀亚历山大二世，都以失败告终。然而 1881 年 3 月 1 日，就在亚历山大二世即将签署君主立宪制改革法案的关键时刻，民意党的爆炸袭击导致他当天殒命，享年 62 岁。

亚历山大二世遇刺

维多利亚女王

出生日期:
1819 年

逝世日期:
1901 年

国籍:
英国

民族:
盎格鲁 - 撒克逊人

主要成就:
协助大英帝国进入"日不落帝国"时期。

14 岁时的维多利亚与查理士王小猎犬 Dash

19 世纪英国的维多利亚女王,是在位时间第二长的英国君主,仅次于伊丽莎白二世。在她统治时期,英国进入巅峰,全世界的 1/4 归她掌控,被称为"日不落帝国"。而她支持的殖民扩张策略,也给包括中国在内的被殖民国家带来了深重的灾难。

幸运继位

1819 年,维多利亚出生。她本来是第五顺位继承人,可是在她不到一岁的时候，包括父亲在内的前几位继承人相继去世，维多利亚幸运地成为储君。

母亲从小就对维多利亚进行严苛的王位接班人式教育，不允许她拥有独立的私人房间，要按规定的时间表同私人教师学习法语、德语、意大利语和拉丁语等众多课程，还不允许她多见父系的亲戚。多年来，维多利亚只能与自己的娃娃和小猎犬做伴。

1837 年，18 岁的维多利亚顺利继承了英国王位。母亲的教育非常成功，维多利亚是个有主见的女孩。为了摆脱母亲的控制，她否决了母亲撤换首相墨尔本子爵的提议，并要求母亲返回居所，不再对她指手画脚，这让王权顺利过渡，并迎来了大英帝国最辉煌的时代。

日不落帝国

维多利亚支持殖民扩张策略，当时英国率先完成了第一次工业革命，国内工业生产总值比其他国家的总和还要多。强大的工业需要更多原材料和倾销市场，因此英国的侵略动机异常强烈。1876 年，维多利亚加冕为印度女皇，成为第一位享有这个头衔的英国君主。

这个时期英国不仅涌现了一批批有名的政治家，文化上也空前繁荣，出现了狄更斯的《双城记》、萨克雷的《名利场》、勃朗特姐妹的《简·爱》和《呼啸山庄》等世界名著。

1848 年，欧洲各国都出现了工人阶级反对国王专制统治的革命，唯独英国早在 17 世纪就已经完成了资产阶级革命。维多利亚女王又很好地履行了国家象征的责任，很少参与政党斗争，她还作出维护底层人民利益的姿态，深受爱戴，英国因此政局相对稳定，这在当时堪称难得。

维多利亚在位时期，英国最为鼎盛，这份荣耀让不少人向往和怀念。今天世界上还有很多以维多利亚命名的地标，比如香港有维多利亚港，非洲有维多利亚瀑布，澳大利亚有维多利亚州……

法国 1848 年二月革命引发欧洲各国资产阶级革命

欧洲祖母

维多利亚同表弟阿尔伯特结婚，感情很好，1861年丈夫去世时，她悲痛欲绝。他们有4个儿子和5个女儿，分别与欧洲各国联姻。比如大公主嫁给了普鲁士王储，外孙就是"一战"当中同盟国的盟主德皇威廉二世。除了英国国王，维多利亚的孙辈还包括希腊王后、挪威王后、俄国沙皇皇后、瑞典王后、罗马尼亚王后等，可以说后裔遍布欧洲各王室，她也被称为"欧洲祖母"。不过可惜的是，维多利亚是血友病基因[1]携带者，欧洲各王室都被这个噩梦缠绕，子女夭折率居高不下，因此血友病也被称作"王室病"。

维多利亚全家福

鸦片战争

19世纪之前，中国向英国出口茶叶、瓷器等奢侈品，而中国自给自足的封建小农经济并不能满足英国的出口需求，因此中国在两国贸易里长期处于顺差地位。

英国为了挽回损失，避免白银大量外流，公然支持向中国贩卖鸦片，而林则徐的禁烟运动严重影响了英国的鸦片走私。1840年初，在英国议会上，维多利亚发表了臭名昭著的演说，大肆宣扬为了大英帝国的利益，要对中国动武，即进行鸦片战争。于是，中国的苦难开始了。

[1] 血友病：一种罕见的出血性疾病，体现为凝血功能障碍，为X染色体连锁隐性遗传，患者终身具有轻微创伤后出血不止的现象，重症患者哪怕没有明显外伤，也可能发生"自发性"出血。

李鸿章拜见维多利亚女王的场景

穆罕默德·阿里

- 出生日期：
1769 年

- 逝世日期：
1849 年

- 民族：
阿尔巴尼亚人

- 主要成就：
推翻马穆鲁克，稳定埃及秩序；推行近代化改革，增强埃及军事力量；对外扩张埃及版图，使埃及成为地中海东岸强国。

　　"人类文明的摇篮"埃及，在四分五裂中停滞不前了好几个世纪。在英法如日中天的 19 世纪，已经成为伊斯兰国家的埃及却试图通过现代化改革实现崛起。虽然最后功败垂成，但是这场改革让埃及成为非洲最早向西方学习的国家，向前迈进了一大步。而令埃及实现变革的，就是"现代埃及之父"穆罕默德·阿里。

夺取埃及

　　穆罕默德·阿里是阿尔巴尼亚人，1769 年出生在一个小军官家庭，自幼父母双亡。1798 年，趁着拿破仑入侵埃及，他加入军队，参与反抗拿破仑的战斗，凭借自己的一步步努力，最终在 1805 年坐上了埃及总督的宝座。

法军撤走后，埃及处于欧洲列强环伺、内部马穆鲁克军阀混战的不利局面。阿里先是借拿破仑横扫欧洲、英国无暇插手埃及的机会，于1807年赶走了英国人；然后在1811年借口要出兵阿拉伯半岛，在萨拉丁城堡给马穆鲁克军阀们摆了"鸿门宴"，大开杀戒，清剿了祸害埃及几个世纪的毒瘤。从此，阿里真正统一了埃及。这时埃及名义上从属于奥斯曼土耳其帝国，实际上却是独立国家。

在萨拉丁城堡屠杀马穆鲁克军阀

大刀阔斧的改革

阿里认识到，埃及的军事落后不仅是装备和思想的问题，更是由于没有坚实的经济后盾。于是，他在这个传统的伊斯兰国家里大刀阔斧进行改革，使它一跃成为地中海东岸地区强国。

农业上，阿里重新丈量土地，将封建地主和宗教土地收归国有，并分配给农民，还将各种苛捐杂税按照土地优劣合并为单一的土地税。这样一来，在给农民减负和提高积极性的基础上，国家收入也增长了。阿里为了促进农业发展，还兴修水利、

位于埃及开罗的穆罕默德·阿里清真寺

引水灌溉；为了把东西运出去，还修建公路、开凿运河。他抓住英国纺织业需要大量原材料的机会，因地制宜，在埃及培育长纤维棉花。仅3年时间，埃及的棉花出口就增长了200倍。

工业上，阿里大力发展官办工厂。他不仅从国外引进设备、技术与专家，还选派埃及人去欧洲留学。埃及的火药厂、枪炮厂、造船厂纷纷建立起来，生产的战舰比起欧美也不逊色。

埃及帝国

阿里的一切改革，说到底是为了军队服务。小有所成之后，他就开始四处扩张，希望重建往日阿拉伯帝国的辉煌。1820年，阿里染指南部的苏丹，把它从奥斯曼土耳其的"跟班"变成了埃

及的领地。1831
年和 1839 年，在
两次与宗主国奥
斯曼土耳其的战
争中，他都取得
大胜，地跨亚非
的埃及帝国即将
冉冉升起。

功亏一篑

不过盛极必衰，欧洲列强不愿看到埃及强大，于是英国、奥地利、普鲁士、俄国达成了《伦敦协定》，要求阿里撤出叙利亚和黎巴嫩等占领地、重新承认奥斯曼土耳其的宗主地位、严格裁军，以此换来在埃及建立世袭王朝。

最后，迫于英国的武力干涉和威胁，阿里无奈同意了《伦敦协定》的条款。这不仅让之前的努力半途而废，还导致埃及的贸易壁垒被打破，英国的纺织品向埃及倾销，对本地工业造成了严重冲击，工厂纷纷倒闭。持续的战争也严重影响了农业。随着英法不断入侵，埃及先后丢失了铁路、通信、苏伊士运河的开凿权等，逐渐沦为半殖民地。

这次失败使改革成果丧失殆尽，给阿里造成了巨大的打击。1849 年，积劳成疾、神志越发糊涂的阿里病逝于埃及，享年 80 岁。

马克思评价道，阿里是"唯一能用真正的头脑代替'讲究的头巾'的人"，赞扬他治下的埃及是当时"奥斯曼帝国唯一有生命力的部分"。

阿里与英国代表谈判

威廉一世

- 别名：
  威廉大帝

- 出生日期：
  1797 年

- 逝世日期：
  1888 年

- 国籍：
  德国

- 民族：
  日耳曼人

- 主要成就：
  进行军事改革，健全普鲁士军制；通过三次王朝战争统一德意志，建立德意志帝国。

俾斯麦

现在德国的土地上，原本散落着神圣罗马帝国各邦国。进入 19 世纪，普鲁士王国异军突起，渐渐成为北德意志盟主。这时，威廉一世同俾斯麦的君臣组合，成功使普鲁士统一了德意志，为德国崛起为世界强国奠定了基础。

违宪军改

1840 年，威廉一世的哥哥弗里德里希·威廉四世继承了普鲁士国王之位，但是他身患重病，所以政务都由威廉一世处理。1861 年，

哥哥病死，威廉一世正式登基，这时他已经 64 岁了。

威廉少年时就参与反拿破仑战争，表现英勇，一生都与军队有不解之缘。作为保守的君主制维护者，他认为只有强大的军队能保证国家和君主的权力。于是 1860—1861 年，威廉不惜同议会作对、被指责违宪，也要进行军事改革，增加常备军兵力和服役时间，更换新式武器。为此，他选定了志同道合的俾斯麦为宰相。

铁血宰相

俾斯麦上台后，撇开议会，下令支付改革所需的巨额经费，这与他"铁血宰相"的名声相符。"铁"即武器，"血"即战争。军事改革，正是为了让普鲁士可以统一德意志。威廉和俾斯麦用三场战争实现了这个宏愿。

1864 年，普鲁士发动对丹麦的战争，夺取了荷尔斯泰因和石勒苏益格两个公国。1866 年，俾斯麦劝服威廉发动对奥地利的战争。由于新式后膛枪的应用，普军杀伤了 7 倍于己的奥军，取得了萨多瓦决战的胜利。俾斯麦没有继续扩大战果，而是劝威廉见好就收，免得英、法、俄等强国介入战争，对普鲁士不利。最终，普鲁士击败了曾经的德意志邦联"老大"奥地利，把它踢了出去，确立了普鲁士在德意志的霸主地位。最后也最关键的普法战争，即将开始。

威廉一世在战场上

凡尔赛称帝

1868 年西班牙发生资产阶级革命，王位空悬。俾斯麦收买了西班牙临时政府，提议由威廉的堂兄弟继位。可是法国害怕西班牙倒向普鲁士，自己两面受敌，于是强硬地要求威廉保证，霍亨索伦家族的人不会继位。俾斯麦借机将描述整件事的电文中威廉缓和的语气删改为带有侮辱性质的强硬语气，并公之于众。因此，1870 年 7 月，法国皇帝拿破仑三世对普鲁士宣战。

面对法国这个世仇，威廉发表演说，号召德意志民族一起抵抗侵略。他亲率军队迅速越过德法边境，并在色当获得大胜，俘虏了拿破仑三世，之后更是进抵巴黎。一直支持奥地利的南部四个邦国也表态加入德意志邦联。1871 年 1 月 18 日，被王公贵族簇拥着，威廉在法国凡尔赛宫镜厅加冕为皇帝，德意志终于实现统一。

威廉一世加冕

盛世隐忧

统一后的德意志，借着第二次工业革命的春风，爆发式发展，一跃成为全世界数一数二的工业强国。但是，威廉本身政治立场就相当保守，再加上普鲁士的尚武传统，德国因此成为军国主义的摇篮。在象征法国的凡尔赛宫加冕称帝，无异于示威挑衅，所以法德这对"冤家"在未来几十年里一直处于敌对状态。"外交大师"俾斯麦执政的时候，这些隐忧还能被他灵活的结盟外交压制着。但是 91 岁的威廉死后，威廉二世（威廉的长孙、德意志末代皇帝）与俾斯麦政见不合，把他打发回家养老去了，德国将在之后一次次的失利中陷于万劫不复。

德意志帝国国旗

勒紧『裤腰带』的维新君主

明治天皇

出生日期：
1852 年

逝世日期：
1912 年

国籍：
日本

民族：
大和族

主要成就：
建立亚洲第一个
资本主义国家；
吞并大韩帝国，
建立朝鲜总督府；
实行明治维新，
积极主张学习西
方；制定《大日
本帝国宪法》。

日本从汉朝开始就与中国建立联系，一直视中国历代王朝为"榜样"。就算到了交恶的元明两朝，日本也一直被中国甩在身后。然而日本在 19 世纪中叶突然崛起，成为亚洲乃至世界强国，明治天皇功不可没。

推翻幕府统治

公元 12 世纪开始，随着武士阶层崛起，位于京都的朝廷逐渐大权旁落，天皇只是名义上的"最高统治者"，实际权力都在镰仓、室町、江户幕府的征夷大将军手中。江户幕府实行闭关锁国政策，但是1853年，美国的几艘黑色铁甲舰驶入江户湾，史称"黑船来航"。这一事件彻底撬开了日本的大门，西方列强相继和日本签订了不平等条约。当权者对此束手无策，日本国内推翻幕府腐败统治的呼声逐渐高涨。

日本并没有实行高度中央集权，各藩大名握有实权。幕府想利用天皇的名义签署不平等条约，这让充当傀儡、远离政治近700年的天皇有了绝地反击的机会。反对幕府的大名叫倒幕派，他们支持天皇实行"王政复古"。1867年明治天皇继位以后，一改其父孝明天皇压制倒幕派的方针，秘密下达了武装倒幕的命令。这场战争以幕府惨败收场，幕府统治彻底瓦解，这为日本后来走上资本主义道路提供了政治保障。

"明治维新"

日本非常善于学习强者，隋唐时学习中国先进的政治、经济、文化制度，看到西方的坚船利炮、科技文明以后，又决定全面向西方学习，不再被根深蒂固的封建势力制约。

明治天皇自幼受到时代潮流的冲击，支持改革。他实施了富国强兵、振兴实业和文明开化三大政策。政治上，废藩置县，剥夺大名实权，加强中央集权；军事上，建立新式军队，创办军工产业；经济上，推行地税改革，以"殖产兴业"为口号，引进西方科技和管理文化，发展近代经济；文化上，向西方学习，移风易俗，发展教育，提升国民综合素质。这一系列改革措施史称"明治维新"，使日本从封建社会迈入资本主义工业化。

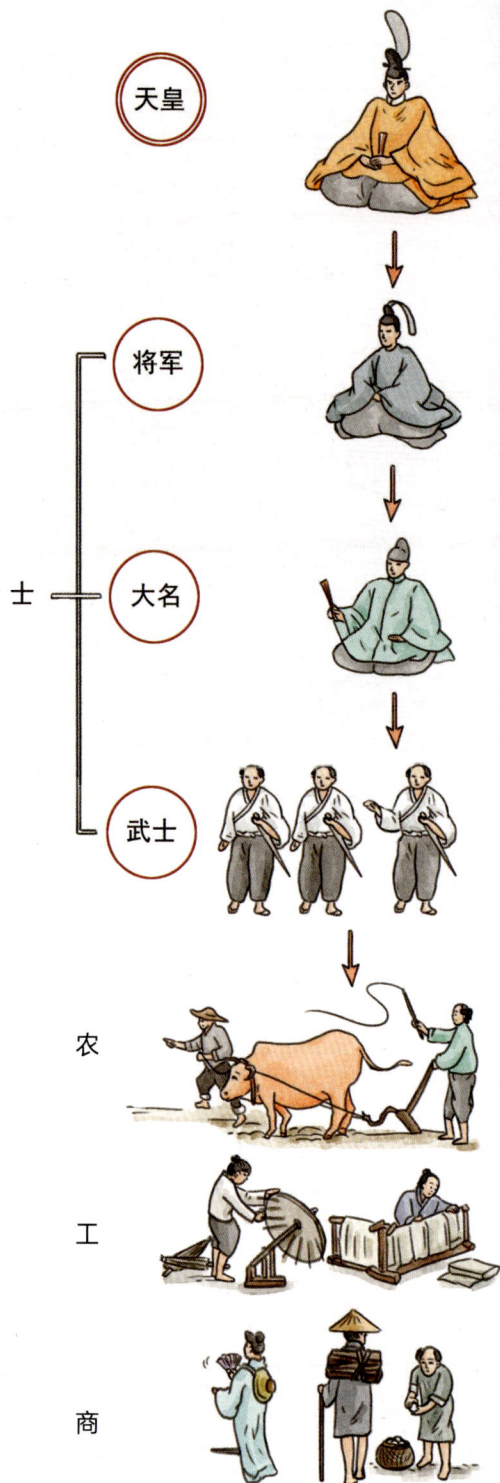

天皇

将军

士 大名

武士

农

工

商

身着西式军装的明治天皇

海军军舰

万世一系的"神"

　　"明治维新"使日本摆脱了被殖民的命运，明治天皇支持扩军备战的政策，却给周边国家和日本带来了无尽灾难。他先是霸占朝鲜，并以此为契机在1894年发动了中日甲午战争。中国战败，赔偿2亿两白银。日本得到赔款，更加疯狂地扩充军备。1904年，为了抢占中国东北，日俄战争爆发，日本胜利，跻身于世界八大强国之列。

　　以战养战的策略使日本一步步陷入不义的战争泥潭，明治天皇负有不可推卸的责任，他将日本带上了穷兵黩武和侵略扩张的军国主义道路。同时，他用宪法规定，日本由"万世一系"的天皇统治，天皇总揽立法、司法、行政权，而且对国民开展奴化教育，将天皇地位提升为神圣不可侵犯的"神"。

日军攻占旅顺

全民勒紧"裤腰带"

　　甲午战争可以说是决定日本命运的一场较量。中国看似"财大气粗"、幅员辽阔、兵源充足，而日本国土狭小、资源匮乏、国穷民贫。中国瞧不上日本这个曾经的附属国，就如西方列强看不起中国一样，号称亚洲第一的北洋水师可以开到日本港口"炫耀国威"。正是这种反差，让明治天皇下定决心发展海军。

朱拉隆功

- 别名：
  郑隆
- 出生日期：
  1853 年
- 逝世日期：
  1910 年
- 国籍：
  泰国
- 民族：
  泰族
- 主要成就：
  推行朱拉隆功改革，
  推动泰国近代化。

朱拉隆功像

和日本明治天皇同时代的泰国国王朱拉隆功，境遇与明治天皇非常相似。两人都是少年继位，国家都因西方列强而内忧外患，也都通过自上而下的全面改革使国家脱胎换骨。朱拉隆功在改革中的个人作用甚至比明治天皇还要大，因此被誉为现代泰国的缔造者。

安娜的学生

美国电影《安娜与国王》描述了英国女教师与泰国国王的一段爱情故事。这部电影里的国王就是拉玛四世，朱拉隆功的父亲。

拉玛四世是位开明君主，在位时已经开始变更传统，限制奴隶制、改革币制等。对待子女，尤其是王位继承人朱拉隆功，拉玛四世更是有意培养他们的开明思想，于是聘请安娜当子女们的家庭教师。

1868 年，朱拉隆功继承王位，即拉玛五世，当时 15 岁，5 年后到了法定年纪才开始亲政。从小接受西化教育，和英法两国殖民扩张步步紧逼，都是促使朱拉隆功实行全面改革的主要原因。

维持独立自主

朱拉隆功接手的泰国，封建制度已经不能满足发展的需要，社会长期停滞，国内矛盾严重激化。周围邻国也都被英法殖民者瓜分殆尽。在西面，英国占领了印度和缅甸；在南面，马来半岛也被英国收入囊中；在东面，越南、柬埔寨先后被法国殖民。

唇亡齿寒，朱拉隆功深感危机。他打破泰王不出国的传统，两次出访欧洲，开阔了眼界，并利用泰国处在英法势力范围中间的地理优势，在两国之间周旋，让泰国变成了"缓冲地带"，暂时维持了独立自主。但朱拉隆功也清楚，这只是权宜之计，关键还是要变革图强。

广泛的改革

朱拉隆功向根深蒂固的传统制度发起了挑战，改革涉及政治、经济、军事、文化、教育各方面，其中最重大的要数废除奴隶制。

朱拉隆功从亲政第二年就开始限制奴隶制，到他去世前两年，基本完成了废奴目标。这大大削弱了封建地主，加强了中央集权，并释放了劳动力。其次就是改革官制，他取消了封爵授田的传统，代之以给地方官员发放薪水，成立内阁。军事方面，朱拉隆功建立了一支常备军，改战时募兵制为义务兵役制。教育方面，他重视全民教育，摆脱宗教学校，建立了世俗专技学校，平民教育蓬勃发展。

朱拉隆功的有些改革对现有制度进行了根本性颠覆，却并未引起社会动荡，而且他并非全部照搬照抄西方，佛教仍然是泰国国教，东方文化传统也得以保持。他在位期间，国力蒸蒸日上，到 1909 年，泰国人均收入已经是中国的 17 倍之多。

朱拉隆功和俄国沙皇尼古拉二世的合影

晚年遗憾

虽然改革成功，但西方列强还是凭借坚船利炮侵占了泰国领土。1893 年，法国强迫泰国签订《曼谷条约》，割让了附属国老挝并赔款。1904 年，又迫使泰国放弃了湄公河以东的土地。晚年他还以割让领土为代价，取消了英法的治外法权。

即便如此，泰国还是成为 19—20 世纪东南亚唯一的主权国家。为了争取废除不平等条约，朱拉隆功不止一次出访欧洲，流利地用英语同各国政要交谈。

1910 年，朱拉隆功因肾衰竭抱憾离世，享年 58 岁。